题记

你知道吗，我是个女性。

女性的天空是低的，

羽翼是稀薄的。

不错，我要飞。

但同时觉得……

我会掉下来。

她认出了风暴

——萧红和她的黄金时代

THE
GOLDEN
ERA

江天雪意 · 著

辽宁人民出版社

©江天雪意　　2014

图书在版编目（CIP）数据

　　她认出了风暴 ：萧红和她的黄金时代 / 江天雪意著.
— 沈阳：辽宁人民出版社，2014.9
　　ISBN 978-7-205-08085-3

　　Ⅰ．①她… Ⅱ．①江… Ⅲ．①萧红（1911～1942）—
传记 Ⅳ．①K825.6

　　中国版本图书馆CIP数据核字(2014)第202118号

出版发行：辽宁人民出版社
　　　　　地址：沈阳市和平区十一纬路25号　邮编：110003
　　　　　电话：024-23284321（邮　购）　024-23284324（发行部）
　　　　　传真：024-23284191（发行部）　024-23284304（办公室）
　　　　　http://www.lnpph.com.cn
印　　刷：小森印刷(北京)有限公司
幅面尺寸：150mm×210mm
印　　张：7
字　　数：125千字
印　　数：1～5000
出版时间：2014年9月第1版
印刷时间：2017年7月第2次印刷
责任编辑：时祥选
封面设计：80零·小贾
版式设计：段文婷
责任校对：赵晓
书　　　号：ISBN 978-7-205-08085-3

定　　价：39.80元

走吧！还是走。
若生了流水一般的命运，
为何又希求着安息。

——萧红

苦杯

萧红

带着颜色的情诗，
一支一支是写给她的，
像三年前他写给我的一样。
也许人人都一样！
也许情诗再过三年他又写给另外一个姑娘！

昨夜他又写了一支诗，
我也写了一支诗，
他是写给他的新的情人，
我是写给我的悲哀的心的。

爱情的账目，
要到失恋的时候才算的，
算也总是不够本。

已经不爱我了吧！
尚日日与我争吵，
我的心潮破碎了，
他分明知道，
他又在我浸着毒一般痛苦的心上
时时踢打。

往日的爱人，
为我遮蔽暴风雨，
而今他变成暴风雨了！
让我怎样来抵抗？
敌人的攻击，
爱人的伤悼。

他又去公园了，
我说："我也去吧。"
"你去做什么！"
他自己走了。

他给他新情人的诗说：
"有谁不爱个鸟儿似的姑娘！"
"有谁忍拒绝少女红唇的苦！"

我不是少女，
我没有红唇了，
我穿的是从厨房带来油污的衣裳。
为生活而流浪，
我更没有少女美的心肠。

他独自走了，
他独自去享受黄昏时公园里美丽的时光。
我在家里等待着，
等待明朝再去煮米熬汤。

我幼时有个暴虐的父亲，
他和我的父亲一样了！
父亲是我的敌人，
而他不是，
我又怎样来对待他呢？
他说他是我同一战壕上的伙伴。

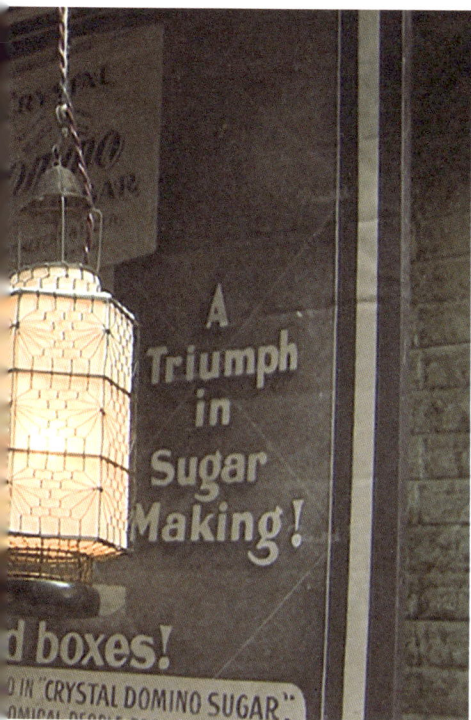

我没有家，
我连家乡都没有。
更失去朋友，
只有一个他，
而今他又对我取着这般的态度。

泪到眼边流回去，
流着回去浸食着我的心吧！
哭又有什么用！
他的心中既不放着我，
哭也是无足轻重。

近来时时想要哭了，
但没有一个适当的地方：
坐在床上哭，
怕是他看到；
跑到厨房里去哭，
怕是邻居看到；
在街头哭，
那些陌生人更会哗笑。
人间对我都是无情了。

说什么爱情！
说什么受难者共同走尽患难的路程！
都成了昨夜的梦，
昨夜的明灯。

目录

引子

一度，她似乎听到潮声，那种让人安宁的潮声，来自远方。

像呼吸，又像叹息，像自说自话的低语，像风轻轻吹来，湿润的空气促使一朵花轻柔地绽放。身体上的疼痛仿佛在渐渐消失，记忆的星火在这起伏的波涛里明灭，连带那些憧憬、幻想、挣扎，那些人那些事，那些轮转不停的痛与笑，像火花在一簇接一簇地熄灭。

这就是最后的一刻了吗？风暴终于就要结束。

不久之前，她曾恍惚地捕捉微光在窗前两个男人身上投下的阴影，她用仅剩的一点力气，攫住他们的影子，仿佛在滔天巨浪中抓到浮板。她是有点恐惧看到他们离去的背影的。可那又如何？

此刻已是自己与自己道别的时候。

可我在哪里？我是谁？她半睁着眼睛，仰望灰色的屋顶，似在问。

1942年1月的香港，日军早在数月前破城而入，倾覆的危城，生离死别早已见惯不惊，俗世的纠结与难堪一成不变。

她听到焦虑的交谈："没有药了。药店被日本人接管，买不到药了。""我要去弄点钱……早就没钱了……"

这些声响让她有点焦灼，鼻间渐渐嗅到曾经住处窗棂上的硫黄味。炮弹袭来那天，窗外一片红光，烧焦的木屑四处乱飞，玻璃碎片似冰碴闪闪发亮。她眼皮微动，也许在提醒自己：我已不在那里了，我也不在这里，不在这张狭窄坚硬的病床上。

潮声轻柔，像春天的时候河面冰层破开，河水悄悄流淌，风一点点暖起来。当那条河寂静如常的时候，月亮就落到河底里去了。

北国，时而沉默时而奔腾的呼兰河，魂牵梦萦的家乡……她像一粒种子被风吹到那里，扎根，发芽，萌生。一无所有，又似早已拥有了一切。丰厚的，无以替代的人生。

我是谁？

"你知道吗，我是个女性。

女性的天空是低的，羽翼是稀薄的。

不错，我要飞。但同时觉得……我会掉下来。"

她是萧红。她将她的翅膀与生命，定格在属于她的风暴之中。

第一章

蹚过呼兰河

……

〔1〕

　　与她有关的描述，大多以那些当时看来惊世骇俗的人生经历作为起始。而关键词无非是：挣脱牢笼，落难佳人，英雄救美，命运多舛，漂泊无依，寂寞早逝……

　　回忆，是一个灵魂在迷雾中漫游时伸手探到的看似坚硬的岩石，每一个棱角，每一分触感，都有着专属的印记，它们会电光石火地把过往一切投射而出。但此刻，且将那如暴风狂啸一般的时代命运施加与这个女子的跌宕际遇忽略，在她生命的最初与最终，她记忆的探针只与那条河紧紧相连。

呼兰河，松花江中游的大支流，以其丰饶不绝的脉息滋养着松嫩平原的一方沃土。

她——萧红，"一个文学创造力特出的天才女作家"①，就出生在这里。

"1911年，在一个小县城里边，我生在一个小地主的家里。那县城差不多就是中国的最东最北部——黑龙江省——所以一年之中，倒有四个月飘着白雪。"

那时她的名字叫张迺莹，出生那天是端午节，东北的春天刚到来不久，雪早已融化，温暖的南风让呼兰河吟唱出温柔轻快的歌谣。在她多年之后的文字里，人们可以感应到她早期生命里的亮色：

花开了，就像花睡醒了似的。鸟飞了，就像鸟上天了似的。虫子叫了，就像虫子在说话似的。一切都活了。都有无限的本领，要做什么，就做什么，是那么的自由。倭瓜愿意爬上架就爬上架，愿意爬上房就爬上房。黄瓜愿意开一朵谎花，就开一朵谎花，愿意结一根黄瓜，就结一根黄瓜。若都不愿意，

① 钱理群、温儒敏等著《中国现代文学三十年》。

就是一根黄瓜也不结，一朵花也不开，也没有人问它；玉米愿意长多高就长多高，它若愿意长上天去，也没有人管；蝴蝶随意地飞，一会从墙头上飞来一对黄蝴蝶，一会又从墙头上飞走了一只白蝴蝶。它们是从谁家来的，又飞到谁家去？太阳也不知道这个。①

年幼的萧红率真随性，跳脱不羁，在童年时代，家庭既带给她温暖欢乐，也让她品尝到冷漠与孤寂。

"父爱"于萧红似是个虚词。父亲张廷举长期为官，悭吝冷漠，不论是对待至亲骨肉还是对待仆人，都是同等的吝啬、疏远与无情。他会为了租金，将房客的马车夺走，也会因为家人打碎一个杯子，骂到让人胆寒发抖的程度。在萧红的回忆里，父亲是一个贪婪得失去了人性的人。如此描述，口吻不能说不重，但也让人们能些许理解促使萧红最终背叛家庭的因由。

生性敏感的萧红，血管里流淌着对温暖人性与自由的渴望，以父权为代表的价值观与人生观，既会深深刺痛她个体生命的体验，更会催生其叛逆与反抗的个性。在成长时期，萧红自然而然地站在了与父亲相对立的方向，主动去接近与父亲相悖的人与事。

从祖父那里，知道了人生除了冰冷与憎恶而外，还有温暖

---

① 萧红《呼兰河传》。

和爱。所以我就向这"温暖"和"爱"的方面，怀着永久的憧憬和追求。[1]

祖父张维祯，给予童年的萧红最温暖的呵护与关怀。他和她经常玩耍的后花园，在多年以后以巨大的篇幅出现在萧红的传世名作《呼兰河传》之中。

家是荒凉的，但这后花园却宛如一颗跳动的温暖的心：阳光炽烈，白云像撒了花的银子，白蝴蝶，黄蝴蝶，金色的蜻蜓，绿色的蚂蚱，叶子发着光的大榆树……一切都是新的，明晃晃的，健康的，有着希望的……

而在冬天，一老一少已不能隐遁在这个无忧无虑的地方。风雪飘零的黄昏，暖炉带来阳光的幻觉，被父亲殴打过的小姑娘，会躲在这短暂的温暖中，围着祖父，仰望他阅读诗篇时泛红的嘴唇，然后面向紧闭的窗户，将清透的目光投在窗棂凌乱的光影上。窗外，雪下得如棉如沙，暖炉的盖子被热水激得噗噗作响……

"快快长大吧，"老人说，"长大就好了。"

而那个孩子在成年之后最终得出结论，"长大"是"长大"了，而没有"好"。

尽管如此，她超凡脱俗的文学禀赋，却在这个阶段日渐显露出来。

---

[1] 萧红《永久的憧憬和追求》。

时间过得很快，女孩的容貌随着年龄发生着变化，乌发覆额，鼻梁挺直，紧抿嘴唇的时候鼻翼两侧会有若隐若现的皱纹，她渐渐长成一个执拗的美丽的少女。她有一双极黑极透澈的孩子的眼睛，眼神似乎从出生到成年都没有过太大的变化：富有穿透力、敏感、脆弱、含情、悲悯、热情、迷惘……很奇怪，她的眼睛好像早已看透这滚滚红尘。

10岁，萧红入学读书。17岁，在祖父坚持下，父亲准许萧红在东省特别区区立第一女子中学继续就读。在学生时代，萧红开始阅读鲁迅、茅盾等人的作品，也参与过学生运动。

空气里一直有隐隐的风暴气息，她的羽翼捕捉到兴奋的刺激，徐徐展开，在不知不觉间呈现出飞翔的姿态。

〔2〕

哈尔滨，充满异国情调与西洋风情的城市，有着万国博览会一般的华美欧式建筑群。1924年5月，由俄国工程师设计监工，数百米的中央大街铺上了俄式面包形状的光滑石头，日出与日落的时候，太阳的光辉如金沙洒下，一块块方石紧实光亮排列，这些石头，每块价值一个银圆，这条路，是金银与血汗铺就的华美之路。车夫挥起马鞭击破了风的纹路，车厢悬挂的银铃在轻颤，俄国贵妇轻提裙裾浅笑轻吟……东方莫斯科的浮华与欢笑是虚渺的火苗，它们的微光无法融化一个少女眼中的清霜。

1931年，20岁，萧红从呼兰的家中逃跑，只身前往哈尔滨。

这不是她第一次来到这个城市，她的初中时代就是在这里度过的。但此刻，初冬的哈尔滨，正迎来第一场严寒，这在萧红眼中是怎样的一番情景？

当时，九一八事变刚发生不久，百业荒废，战乱不休。求学之梦已然破碎，连求生亦成为难题。

寒冷，饥饿，被冰雪冻得坚硬的眼睫毛，像残忍的精灵一样不停扫打腿部的积雪，空灵的街车声从远处传来，仿佛来自寂寞的魂梦，生疏而广大的声响刺激着耳膜，摇撼着空荡荡的街道。流离失所的年轻女子在一个孤独的寒夜，穿着夏天穿的通孔的鞋，戴着结冰的手套，拍打着无人回应的房门。

我是怎样的去羡慕那些临街的我所经过的楼房，对着每个窗子我起着愤恨。那里面一定是温暖和快乐，并且那里面一定设置着很好的眠床。……甚至我想到了狗睡觉的地方，那一定有茅草，坐在茅草上面可以使我的脚温暖……当我经过那些平日认为可怜的下等妓馆的门前时，我觉得她们也比我幸福。①

这是她自己选的路，以她的个性，只能硬着头皮走下去，无法回头。

---

① 萧红《过夜》。

如同在命运布下的棋盘上，一颗棋子与另一颗棋子必然有交集，萧红在哈尔滨邂逅了爱情，自此走上了写作之路，走进了她独一无二的生死场。

促使这人生最重要的节点产生的原因，是家族强行为萧红安排的一桩婚事。祖父已经去世，父亲将她许配给小军阀之子、小学教员汪恩甲，命令她初中毕业后即刻成婚。萧红决绝地反抗。对于汪恩甲，她不是毫无好感，彼此也曾有过接触，

但萧红真实的意愿是希望退婚去北平读高中。

逃跑的第一站是北平，那里有与她自幼投契的表兄陆哲舜。逃婚最直接最主要的目的，其实不过是寻找一个能资助她读书的人，陆哲舜恰能给她提供这样的帮助，即便只是暂时的。

他们租住在北平的一座小院中，萧红得以继续在北平师大附属女一中高中部读书。这件事在亲族中掀起了轩然大波。陆哲舜有家室，和表妹同居一处，对于陆家与张家人来说，这必然是件刺眼甚至刺心的大难堪。为表惩戒，张家立刻切断了萧红的经济来源。

长安米贵，白居不易，两人靠着陆哲舜少得可怜的生活费过日子，很快面临极大的窘境。寒冬腊月，萧红连御寒的毛衣毛裤也没有，最终还是由朋友李洁吾借钱给她购置了一套衣物。

生活中不绝的麻烦导致萧红与陆哲舜相处日益冷淡，冲突不断。对于两人的关系是否另有隐情，是否掺杂情感纠葛，世人有诸多揣测。1981年，萧红的朋友李洁吾在一篇文章里回忆过那段时期，说陆哲舜对萧红确实有爱恋之意，有一次萧红写信给李，说表哥企图对她无礼，李洁吾为此还痛骂了陆哲舜一顿。但这毕竟是一家之言，跨越漫长的岁月，回忆的波形是否早已变化扭曲，谁也无从得知，更无法确定。

可毋庸置疑，经济问题确实在很大程度上动摇了两个年轻人的意志力。自由是脆弱不堪一击的，独立自主随心所欲的日子转瞬即逝。陆家以断供生活费威胁陆哲舜，陆哲舜心生悔意，对家人选择屈从，萧红不得不从北平狼狈落魄地回到东北。

　　这一场私奔事件在呼兰县简直耸人听闻千夫所指，给张家带来前所未有的耻辱与压力。平心而论，萧红在这件事上表现出的任性与离经叛道，并非毫无错处，张氏家族将其判定为伤风败俗、有辱门楣，也不是毫无道理。

　　萧红回家后的当天半夜，其父张廷举下令举家离开呼兰

河，悄然迁往他的老家阿城乡下。

    萧红被软禁了六个月，1931年10月初，她逃到了哈尔滨，对于这次出逃的详细经过，萧红一直守口如瓶，从她之后的著作里也很难寻到确切的细节。或许是因其中困顿难堪无法言说，沉默既是敏感，亦是不愿人知晓的脆弱。人之常情，愿意呈现给别人的自我经历，大多是加工与筛选过的修饰与掩藏。

    在家族专制面前，萧红如一匹烈驹，拼尽了全力去对抗眼前的藩篱，但她毕竟没有玉石俱焚的勇气，更何况经济无法独立，只能被迫妥协——不管是妥协于家庭，还是妥协于他人，

比如她一直排斥的未婚夫汪恩甲。

让我们重新回到1931年冬天的哈尔滨。流离失所的年轻女子戴着结冰的手套，无助地拍打那扇无人回应的房门，她心生怨怼，委屈无助，却又那般不愿屈服。

家已不是家，在她再次出逃之后，张家正式开除了萧红的族籍，她成了名副其实的无家可归者，成了一个浪人。为了生存，萧红最终还是投奔了曾经鄙视且背叛过的未婚夫。

"莹姐，你走到哪里去？"

某一天，落魄的萧红在清冷的哈尔滨街道偶遇了弟弟张秀珂。"渺小的同情者和被同情者"在一家咖啡馆稍作停留，弟弟请姐姐喝了一杯热咖啡，他的姐姐看起来无比可怜。

你到哪里去？

弟弟问姐姐。他这个姐姐的出走，使得家族身败名裂，黑龙江省教育厅以教子无方的名义撤销了父亲的职务。张秀珂凝望萧红的眼神应该是复杂的，有埋怨，有怜悯。

萧红用茶匙搅着杯子，咖啡喝干了，茶匙还搅着空空的咖啡杯。心情如离了岸的海水，若非遇到大风是不会翻起涟漪的。街车多了起来，人影凌乱地在窗户上乱闪，弟弟在说什么，做姐姐的好似也听不太进去，她坠入她幻想的深井中。

姐弟俩很快分别，如同未曾遇见。萧红无目的地在寒冷的街上走着，冷空气刺激喉部，她小声咳嗽起来。然而，刻意不去在意的往事，在多年后却依旧留有余温。

她记得和弟弟那天的对话，一直记得：

"莹姐，我看你还是回家的好！"

"那样的家我是不能回去的，我不想让和我站在两极的父亲来豢养。"①

是负气的话，还是由衷的表达？

与弟弟匆匆一晤后，两人保持着通信。很多年以后，萧红追忆往事，以充满感慨的笔触在一封信中对弟弟说：

① 萧红《初冬》。

家里的樱桃树这几年结樱桃多少？红玫瑰依旧开花否？……关于你的回信，说祖父的坟头上长了一棵小树，在这样的话里，我才体味到这封信是弟弟写给我的。……可弟，我们都是自幼没有见过海的孩子，可是要沿着海往南下去了。海是生疏的，我们怕，但是也就上了海船，飘飘荡荡的，前边没有什么一定的目的，也就往前走了。[①]

"莹姐，你走到哪里去？"

多年后，当远在异乡，历经磨难，感情千疮百孔的萧红书写着上面的文字时，当她回想起弟弟哀悯的问话时，忆起那段如炽焰燃烧的青春时光，不知是怎样的心情。

是啊，萧红，你要去往何处？你要飞向何方？

033

1932年2月，日本军队进驻哈尔滨。3月，伪满洲国建都长春。萧红与汪恩甲在东兴顺旅馆同居了七个多月。汪恩甲养尊处优，是出了名的纨绔子弟，他有吸食鸦片的积习，偶尔甚至带着萧红一起吞云吐雾。萧红心灰意冷，应该也不乏屈辱，她依傍的男人，原是她拼命要逃离的对象。红尘中，哪个心怀浪漫的少女不期盼着青衫磊落的花红少年，更何况萧红。但生活逼她做出的选择，简直讽刺得残酷。

她怀孕了，哪儿也去不了了。

---

① 萧红《九一八致弟弟书》。

1932年5月，在萧红临近产期的时候，汪恩甲突然不辞而别，他的销声匿迹成了萧红生平中的一个不解之谜。

电影《黄金时代》中，导演让汪恩甲穿着睡衣离开旅馆，似乎暗示了多种可能性：或许他是处心积虑离开萧红，或许另有隐情。

不少人像解谜一样分析过汪恩甲的突然消失。

人性是复杂的，难以一言以蔽之。在萧红最落魄的时候汪恩甲确实不计前嫌向其施予援手，尽管他也提出过萧红无法拒绝的条件。还有一种解释，汪家与军队有密切关系，日军占领哈尔滨后，这样的家庭身份必定十分危险，若说全家集体躲避日本人，也不是没有可能，汪恩甲也许是得到消息外出避难去了。

《黄金时代》的导演许鞍华说："可能他去自杀，去吸完最后一次鸦片，然后就消失了。也可能是他往后回到家庭，整

家人搬走了。"

汪恩甲的人间蒸发，让萧红陷入比难堪还要可怕一百倍的绝望境地。

秦琼卖马，舞台上曾经感动过不少观众，然而有马可卖还是幸运的，到马也没得卖的时候，也就是萧红先生遭遇困厄最惨痛的时候。①

萧红被关进旅馆一间破烂的仓库里，被人密切监视，旅馆老板威胁着要将她卖去妓院，让她卖身还债。挺着大肚子走投无路的萧红，在万念俱灰的等待中消磨着生不如死的时光，而她敏感细微到纤毫的人生触角，却依旧顽强地在感应着苦难赐予的深刻体悟。

在这一时期，她写下了这样的诗句：

去年的五月，

正是我在北平吃青杏的时节，

今年的五月，

我生活的痛苦，

真是有如青杏般的滋味！②

她放下笔，微微喘着气。光线被溽热的天气烘得更为沉闷。七月的哈尔滨，几乎每天都在下雨，窗外有街车驶过，车轮轧在

---

① 许广平《追忆萧红》。

② 萧红《偶然想起》。

湿漉漉的青石路面，像千百年都不曾变过的命运的心跳声。

山穷水尽走投无路的萧红，写信向哈尔滨《国际协报》文艺副刊编辑求助。

1932年7月，青年作家萧军受《国际协报》委托前去东兴顺旅馆看望萧红。

这是萧红与萧军的第一次相遇，一段铭心刻骨、具有人生里程碑意义的感情历程，就此拉开序幕。

〔3〕

"她有一张近于圆形的苍白色的脸，有一双特大的闪亮的眼睛。"

1932年7月，萧军与萧红相遇了。1978年，劫后余生的萧军写下了他与萧红的往事，那年他已是71岁的白发老人。

"这时候，我似乎感到世界在变了，季节在变了，人在变了，当时我认为我的思想和感情也在变了……出现在我面前的是我认识过的女性中最美丽的人！也可能是世界上最美丽的人！她初步给我的那一切形象和印象全不见了，全消泯了……"

这片国土，从不缺乏细草幽花般的婉娈佳人，美人落难，亦有让英雄怦然心动难忘终生的惊艳瞬间。但萧军初识的萧红，既不美丽，也不婉娈，更谈不上惊艳。一个临产的孕妇，蓬头垢面，有明显的白发，身形浮肿，神情疲惫，身穿的破烂蓝长衫已变成灰色，赤脚上穿着的旧拖鞋已经变了形。陋室狭窄，泛着刺鼻的霉味，她的生活境况惨不忍睹，整个人像一株被狂风吹到瓦砾场的茅草。

萧军的心动是从何时开始的呢？

他大大咧咧地走进屋，以居高临下的姿态俯瞰那个落魄女子。

"原来你就是报馆的三郎先生。我正在读一篇你写的文章，还没看完全……就是这篇《孤雏》。"

她对他说。

那段时间，萧红一直在读着他在报上的连载，他的笔名叫三郎。萧红对萧军的才华印象深刻。

此刻，三郎就在她眼前，但不是她想象中的翩翩佳公子，竟然是个衣衫褴褛头发乱蓬蓬的糙汉子，着一身褪了颜色的学生装，穿一双开了口的破皮鞋，连袜子都没有，这让她眼中掠过一丝讶异，但很快，这个糙汉子流露的勃发英气让她渐渐觉得亲切，他的气势如虹，让她心生信任并有了安全感。

"当我读着您的文章时，我想这位作者决不会和我的命运相像的，一定是西装革履地快乐地生活在什么地方！想不到您竟也是这般落拓啊！"她笑着坦言。

然而，他依旧是她浮荡苦海时捞到的一块坚硬的礁石。萧红完全没有想到自己的呼救竟会得到回应，这简直是个奇迹。

略顿了顿，萧红按捺不住激动的心情，以微颤的语音，将她的悲惨经历，将她的苦与不幸，将她的痛与泪，她的屈辱、她的奋争，她对自由与美的渴望，尽情倾诉给这并不熟悉的陌生男人。

在萧红的叙述中，萧军不知不觉触摸到一颗赤子之心滚烫的温度，从萧红强忍的不甘、倔强的眼神里，他感受到她的灵气、才气与激情，感受到她的切肤之痛。

环顾四周，他看到床上散乱的纸片，那是她在绝境中信手勾勒的诗与画：

这边树叶绿了，

那边清溪唱着。

姑娘啊，

春天来了，春天到了。

心动，是在这一刻开始的吗？

"这是谁画的图案？"

"是我无聊时干的。……就是用这段铅笔头画的。……"

她从床上寻到一段约有一寸长短的紫色铅笔头举给萧军看。

"这些'双钩'的字呢？"

"也是……"

"你写过《郑文公》吗？"

"还是在学校学画时学的……"

"这些诗句呢？"

"也是……"①

萧军深深动容："在我面前的只剩有一颗晶明的、美丽的、可爱的、闪光的灵魂！……我马上暗暗决定和向自己宣了誓：我必须不惜一切牺牲和代价——拯救她！拯救这颗美丽的灵魂！"

萧军，本名刘鸿霖，出生于辽宁凌海市的一个小山村，10岁时随父亲从辽宁迁往吉林长春，开始接受教育。1929年以"酡颜三郎"为笔名完成第一部白话文小说《懦……》，1932年前往哈尔滨，正式开始文学生涯。

"但得能为天下雨，白云原自一身轻。"萧军当过兵，也曾长期接触社会底层，天性刚猛不羁，有强烈的反抗精神，身上焕发着英雄主义光彩。或许正因为这一点，也因为天缘凑巧，他能被萧红打动，萧红亦能为他心折。

困如囚鸟的萧红与萧军开始了天马行空的交流，他们谈人生，谈乱世，谈生死，谈爱情。

萧红笑问："你对于爱的哲学是怎样解释的？"

萧军回答："谈什么哲学……爱便爱，不爱便丢开！"

"如果丢不开呢？"

"丢不开，便任他丢不开。"

说完，他们同时放声大笑。

041

---

① 萧军《我和萧红六年来由相识、相结到诀别》（1978）。

与君初相识，犹如故人归，他们像是久别重逢的知交。临别，萧军有数次想拥抱那个亮眼睛的憔悴的女子，但终究还是克制住了。

当晚，萧红怀着忐忑矛盾的心情写下了又一支《春曲》：

我爱诗人又怕害了诗人，

因为诗人的心，

是那么美丽，

水一般地，

花一般地，

我只是舍不得摧残它，

但又怕别人摧残，

那么我何妨爱他。

次日，两个年轻人陷入了狂风暴雨般的热恋。

你会说，我们的爱进展得太快了！太迅速时，怕要有不幸的事情发生在横障我们吧？畸娜！不错！我们是太迅速了，由相识至相爱仅是两个夜间的过程罢了。竟电击风驰般，将他们经年累月，认为才能倾吐的、尝到的……那样划着进度的分化……在他们那认为是爱之历程上不可缺的隆典……我们呢全有了。①

对于二萧的相知相爱，电影《黄金时代》的编剧李樯说："萧军可以跨越所有最世俗的情感的界线，而跟孕中的这么一个女

---

① 萧军《烛心》。

人……他并没有因为外在的东西，而掩盖了他对这个女性最优美的一种认知。某种程度来说，他们彼此是对方的缔造者。"

雨淅淅沥沥地下着，没有丝毫要停止的意思，流金铄石的盛夏，在风雨晦暝中渐布灾云。萧军和朋友们为搭救萧红四处奔波一筹莫展，而一场浩浩荡荡的洪水，在接连20余日的降雨之后，裹挟着风雷而来。

1932年8月，松花江堤决口，洪水很快便涌入哈尔滨市区，东方莫斯科——哈尔滨尽成泽国。

萧红独自坐在窗口，水如远天一样苍渺，日光明晃晃浮动，气氛是如此动荡不安。她抚摸着隆起的肚腹，汗味在被褥间发散，鼻翼翕动，嘴唇微张，眼睛茫然地瞪着。窗外，太阳辽阔地照耀着……然后是黄昏，静静沉落在水里，水的气味在空中流荡，不知谁家的小猪被丢在半路，在水中绝望地尖叫……

……小河流水反照在水面，不定形地乱摇，又夹着从窗口不时冲进来嘈杂的声音。什么包袱落水啦！孩子掉下阴沟啦！接续的，连绵的，这种声音不断起来，这种声音对她似两堵南北不同方向立着的墙壁一样，中间没有连锁……我怎么办呢？没有家，没有朋友，我走向哪里去呢？只有一个新认识的人，他也是没有家的啊！外面的水又这样大，那个狗东西又来要房费。我没有……她似乎非想下去不可，像外面的大水一样，不可抑止地想："初来这里还是飞雪的时候，现在是落雨的时候。刚来这里肚子是平平的，现在却变得这样了……"①

东兴顺旅馆的一层被洪水淹没了。住客连同旅馆老板开始四散逃命，困住萧红的囚笼一下子空了。趁着大水，萧红挺着大肚子，从带阳台的窗户翻出去，搭上一艘运柴的小船逃出了旅馆，这场天灾让她重获了自由，与她的爱人会合。

松花江决堤三天了，满街行走大船和小船，用箱子当船的也有，用板子当船的也有，许多救济船在嚷，手中摇摆黄色旗子。住在二层楼上那个女人，被只船载着经过几条狭窄的用楼房砌成河岸的小河，开始向无际限闪着金色光波的大海奔去……②

这真是一场倾城之恋啊，可谁知道会不会又是一段尘劫情殇？

〔4〕

在哈尔滨市立医院，经过一场惊心动魄痛不堪言的分娩，萧红生下了她与汪恩甲的孩子，因为无力抚养，孩子生下不久

---

① ② 萧红《弃儿》。

便被送了人，详情无人知晓。只是在一年后，萧红在她的小说《弃儿》中曾有过几笔描述。

凉薄，绝望，纠结，痛心，可怜，无奈……看客或许能从中捕捉到蛛丝马迹，但残酷的真相、血泪的滋味，只有萧红自己品味得最为透彻。即便假作无意，假装忘记，当一切消泯于岁月的尘埃之中，那片破瓦枯井残山剩水的记忆，依旧是一踩上去就会痛彻心扉的荆棘。

这次生产极大摧残了萧红的身体，也可能在同等程度上打击了她的心理。从此，萧红衰弱多病，从未复原，性格中存有的病灶亦愈加根深蒂固。

出院的产妇，抱着孩子坐着汽车由家人陪着，迎向幸福安稳的生活。而萧红，怀中没有抱着孩子，只有眼前的一条大街要她走，穷困潦倒的爱人搀扶着她，他们一步步，艰难地迈向未知的明天。

1932年秋天，萧红和萧军在欧罗巴旅馆开始了同居生活，那年萧红22岁，萧军25岁。

旅馆的小房间，见证了两个年轻人清贫却生动的日子。

白色房间如同支起了幔帐，桌上除了一块桌布便空无一物。饥饿与病痛折磨着萧红，昏昏沉沉之间，她想喝水，以为萧军会递来水杯，却见他无奈地张着手："拿什么喝呢？用脸盆来喝吧！"

高大的茶房走进来，问：

"租铺盖吗？"

"租。"

"五角钱一天。"

他们同时开口："不租，不租！"

茶房立刻动手收拾。床单，枕头，桌布，很快随他一同消失。房间如同遭遇洗劫，床上是肿胀难看的草褥子，桌子是破的，瘢痕显露。

贫困加深了两个人相濡以沫的亲密。他们在草褥上拥抱亲

吻，晚餐是硬邦邦的黑列巴和一小撮白盐，但那又算得了什么？

　　爱的甘醇，似乎就该是如此甜蜜、辛辣、苦寒，如此百滋百味。

　　萧红写道：

　　当他爱我的时候

　　我没有一点力量

　　连眼睛都张不开

　　我问他这是为了什么

　　他说爱惯就好了

啊，可珍贵的初恋之心！

她让自己沉浸在自由与浪漫带来的晕眩里，用以挺过一阵猛烈过一阵、扑面如暴风的艰辛与困厄。身为女人，更何况灵秀敏感如她，在爱与困苦如两团烈火同时燃烧的时刻，放开了整个生命去体验一切、感受一切。

现实的确很骨感，骨感得令人背脊发寒。很少有女作家像萧红那样体验了剥皮削骨般残酷的饥寒。

打开小小的窗户，那是通向人间的孔道，楼顶，烟囱，飞雪飘飘的沉重天空。在等待的时刻她总是担心：他会不会冻坏了？没有带回面包来吧？

饥饿中她幻想着盛着肉饼、番薯、大片有弹力面包的托盘，待爱人终于回来，他裤管拖着泥，鞋底穿了孔，双手却空空。光秃秃的木桌上，只有冒着寒气的刷牙缸，陪伴他们将一个馒头吃完。

他问："够不够？"

"够了，你呢？"

"也够了。"

远处，手风琴声飘过来，凄然又欢乐。

可还是饿啊。

萧军没有了工作，终日奔走谋职，打短工，四处借贷。有时候借到五角钱都必须省吃俭用管三天。萧红常常饿得头晕眼

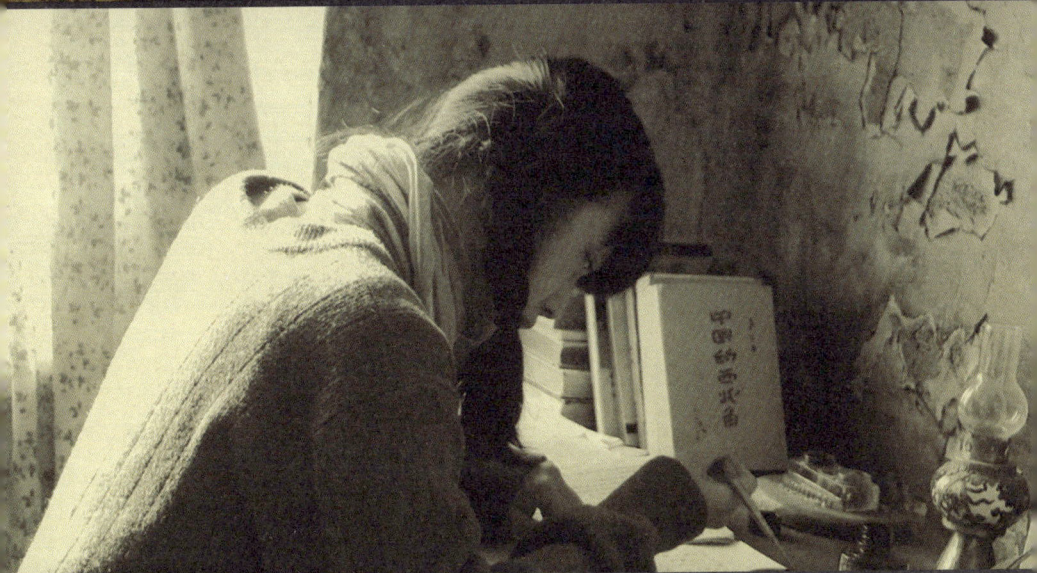

花整夜失眠，"肚子像被踢打放了气的皮球"，她甚至动念去偷窃别人挂在过道门边的面包。结了霜的玻璃窗流着泪，一条一条的泪水滑落，旋即是号啕，寒冷鞭笞着她，让她像浑身浴在冰水里。

这就是"只有饥寒，没有青春"①。

这是一段相当艰辛难熬的日子，他们一同挺过去了。也是在这段日子里，萧军鼓励与引领萧红走进了文学的世界。

独属于这个女子的文学舞台，早已等候多时。

1933年5月，萧红以悄吟为笔名在《国际协报》上发表了短篇小说《王阿嫂的死》。紧接着，《弃儿》《看风筝》等小说相继问世。

萧红的作品，不论是早期练笔之作，还是后期的成熟之作，都体现着作者本人强烈的个性色彩与感情气质。

她纤细敏锐的艺术感受，细致描摹了北方中国农村的沉滞闭塞，尽现那片浸满血污与苦难的土地上百姓无休无止的生死劫。写的是苦难，却并不病态，有着女性特有的纯净之美。其行文风格，打破了文坛固有的格局。在非小说与小说间，萧红如惊鸿一般自由自在地游移。

---

① 萧红在《饿》《雪天》《度日》等散文中，对她与萧军饥寒交迫艰难度日的那段时光有详细描述。

出入于现时与回忆、现实与梦幻、成年与童年之间，善于捕捉人、景的细节……明丽凄婉，又内含英武之气。她的文体是中国诗化小说的精品。②

萧红自此登上东北文坛，大放异彩。

1933年6月间，萧红和萧军参加了牵牛坊的左翼文学活动，萧红还成为星星剧团的成员。白朗，罗烽，金剑啸，舒群……这些志同道合的朋友，给予了萧红一段快乐难忘的时光。

这是一群有信仰的浪漫的年轻人，他们天真纯粹，勇往直前，敢爱敢恨，更敢于追求与抗争。若用现在的词汇来形容，他们当是名副其实的"文艺青年"，但又不仅仅是文艺青年，他们也是革命者，不论是对应于那个乱世，还是对应他们自己的人生。

1933年秋天，朋友们凑钱为萧红和萧军自费出版了文集《跋涉》。这是东北沦陷后出版的第一部新文学创作集，二萧一举成名，轰动了整个东北。这部文集迅速引起日本人的注意，不久即遭到查禁。

我慢慢地看着她，大概她也慢慢地看着我吧！她很漂亮，很素净，脸上不涂粉，头发没有卷起来，只是扎了一条红绸带，这更显得特别风味，又美又净。葡萄灰色的袍子上面，有黄色的花，只是这件袍子我看不很美，但也无损于美。到晚

---

① 钱理群、温儒敏等著《中国现代文学三十年》。

上，这美人似的人就在我们家里吃晚饭。

　　1934年冬天，一位女学生的出现，让萧红跟萧军的生活掀起波澜。在《一个南方的姑娘》这篇文章中，萧红将这个女子称为"程女士"。在那一系列文字里，她用"郎华"这个名字代指萧军。

　　程女士常到我们这里来，她是来借冰鞋，有时我们就一起去，同时新人当然一天比一天熟起来。她渐渐对郎华比对我更熟，她给郎华写信了，虽然常见，但是要写信的。

　　又过些日子，程女士要在我们这里吃面条，我到厨房去调面条。

"……喳……喳……"等我走进屋，他们又在谈别的了！

我看她近些日子更黑一点，好象她的"愁"更多了！她不仅仅是"愁"，因为愁并不兴奋，可是程女士有点兴奋。我忙着收拾家具，她走时我没有送她，郎华送她出门。

我听得清楚楚的是在门口："有信吗？"

或者不是这么说，总之跟着一声"喳喳"之后，郎华很响的："没有。"

又过了些日子，程女士就不常来了，大概是她怕见我。①

此时，萧红的文学创作已如顺着山石流下的清泉，源源不绝，充满活力，但她内心的矛盾、对感情的患得患失，和每一个深陷于爱情的女子是一样的。

倘若没有和那个男人相遇，她会过着什么样的生活？也许已经死了，也许还活着，但绝不会是现在这个样子。他们互相成就，或许在起初，他成就她更多一些。在文学上他们是天作之合的伴侣，但超乎文学之外，他们不过也是一对寻常的世俗男女。

那一刻，再次回味他们相遇之初，对于爱情的解读，是否别有一番滋味在心头？

她问他："你对于爱的哲学是怎么解释呢？"

他的回答是："什么哲学呀，爱便爱，不爱便丢开。"

---

① 萧红《一个南方的姑娘》。

"要是丢不开呢？"

"丢不开，就任他丢不开吧。"

……

呵，面对萧军大开大合的性情，抚摸着热情褪去后粗粝的本质，萧红内心的痛苦辗转，不难想象。

所谓现世安稳岁月静好，不过是映在窗棂上转瞬即逝的月光，摊上那个时代与那个人，实现起来，恐怕是无比地艰难。

舒群、金剑啸等皆是追求进步的青年，先后加入了共产党，1934年春，因为失去了党组织关系，舒群离开哈尔滨前往青岛。随着社会形势日趋紧张，金剑啸和罗烽等受党组织委托，帮助萧红、萧军离开哈尔滨去青岛投奔舒群。聚散如风，知交半零落。两年后金剑啸牺牲，被日本人杀害于齐齐哈尔。

金剑啸在萧红心目中亦师亦友，金剑啸对她与萧军二人在生活上也有过非常多的帮助，萧红无比悲痛地写道：

别人对你不能知晓，

因为你是一棵亡在阵前的小草。

……

将来全世界的土地开满了花的时候，

那时候，

我们全要记起，

亡友剑啸，

就是这开花的一粒土泥。[1]

　　年轻的萧红和萧军乘船渡海往青岛而去，他们将在那里写下他们一生中最重要的文字，他们的情感，也将伴随着那些作品，交融蔓延，悲喜共生。

　　别了，东北，辽阔苍茫的黑土地。

　　别了，呼兰河。

---

① 萧红《一粒土泥》。

第二章

门徒

〔1〕

　　1934年10月9日，上海的秋天，雨声细碎，梧桐叶开始飘落，昏黄的灯光缓缓涂染着潮湿的玻璃窗。

　　病中的鲁迅接到两位年轻人从青岛寄来的信，信中附寄一篇小说的手稿以及一张合影，那篇小说便是日后萧红的成名作《生死场》（彼时名为《麦场》）。后来，鲁迅亲自为这篇小说撰写了序言，将《生死场》的主题概括为："北方人民对于生的坚强，对于死的挣扎。"1936年，鲁迅更对埃德加·斯诺说道："田军（萧军）的妻子萧红，是当今中国最有前途的女作家，很可能成为丁玲的后继者，而且她接替丁玲的时间，要比丁玲接替冰心的时间早得多。"

能让鲁迅给予如此高评价的萧红，不过才二十出头。

《生死场》是萧红文学生涯里具有里程碑意义的作品。

荒凉的麦场，苍茫的山，老妇，农夫，牲畜，生产的女人与病亡的稚子，浸润罪恶与血污的黑土地，生与死的轮回，时空永恒的变与不变……被一个年轻女子，用细致入微的笔触轻描淡写地展开。没有主角，没有激烈起伏的情节与冲突，可在

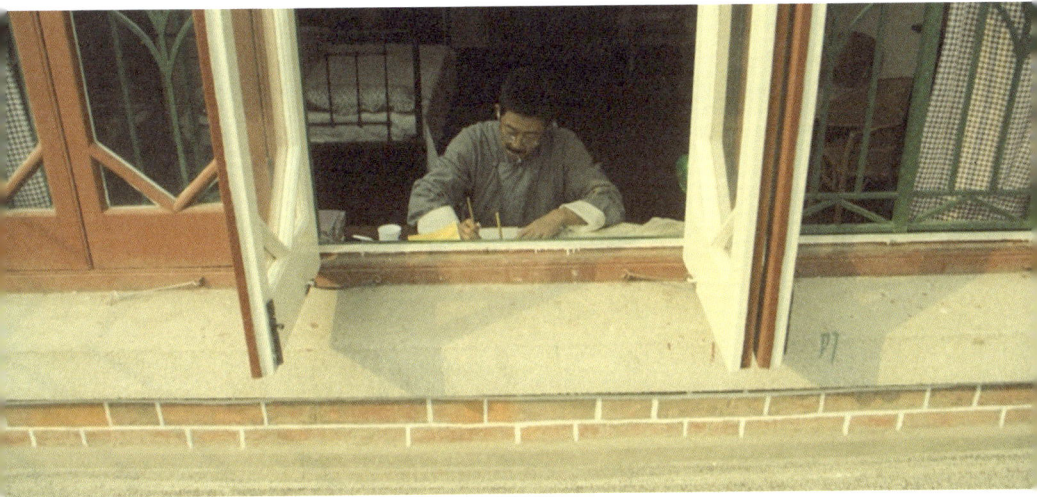

那色彩黯淡的小村里，人们能看到作者用她超然的、冷冽的黑眼睛，兽一般探寻与剥开黑暗中生命的纹理。

她的村庄，并不风和日丽，也并不是田野丰饶。

"一只山羊在大道边啮嚼榆树的根端。"这就是开篇第一句话。现在看来，多么像一部欧洲的艺术电影。

在乡村，人和动物一起忙着生，忙着死，大片的村庄生死轮回着，和十年前一样，屋顶的麻雀仍然是那样繁多，太阳也照样暖和，什么都和十年前一样。

它如此细腻，细腻到你能清晰地触及其中每个人物的灵魂发肤。它的视角简直无处不在，当看到濒死的女人在床上扭转身子，满床蛆虫在爬，一直爬到她已失去知觉的肉里，无论是谁，都会情不自禁地深深揪心。

这就是萧红的本事，或者说是她高于众人的天赋。她纯粹无欺，毫不躲闪，她有越出常轨的勇气与魄力，更具备绝不为了他人审美而妥协自我的魄力与毅力。《生死场》中并没有从正面描写抗日斗争，但人们看到了抗争，那是超越战乱、命运，超越一切普世定义的抗争，一字一句都有旺盛的生命力在跳跃，既具象又抽象，如同个体的轮回与宇宙的混沌。

动与静，音与声，微小与博大，混乱与恒定……年轻的萧红架构她的作品，用的是超凡脱俗的整体观以及独一无二的历史观。

对于萧红的文笔，鲁迅评价为"女性作者细致的观察和越轨的笔致，增添了不少明丽和新鲜"。

《生死场》如一颗击向命运之河的石子，很快便泛起了涟漪。不久后，身在青岛的萧红与萧军收到了鲁迅的回信。萧军回忆道："鲁迅的信犹如从什么远远的方向照射过来的一线灯塔上的灯光。"

在青岛，二萧投奔了老友舒群。不久，青岛的共产党组织遭到破坏，舒群被捕，二萧在朋友帮助下离开青岛乘船前往上海，同行的还有朋友张梅林。

1934年11月初，萧红和萧军抵达上海。

鲁迅在《革命咖啡店》里意味深长地写道：

遥想洋楼高耸，前临阔街，门口是晶光闪灼的玻璃招牌，楼上是"我们今日文艺界上的名人"，或则高谈，或则沉思，面前是一大杯热气蒸腾的无产阶级咖啡，远处是许许多多"龌龊的农工大众"，他们喝着，想着，谈着，指导着，获得着，那是，倒也实在是"理想的乐园"……上海滩上，一举两得的买卖本来多。大如弄几本杂志，便算革命；小如买多少钱书籍，即赠送真丝光袜或请吃冰淇淋——虽然我至今还猜不透那些惠顾的人们，究竟是意在看书呢，还是要穿丝光袜。至

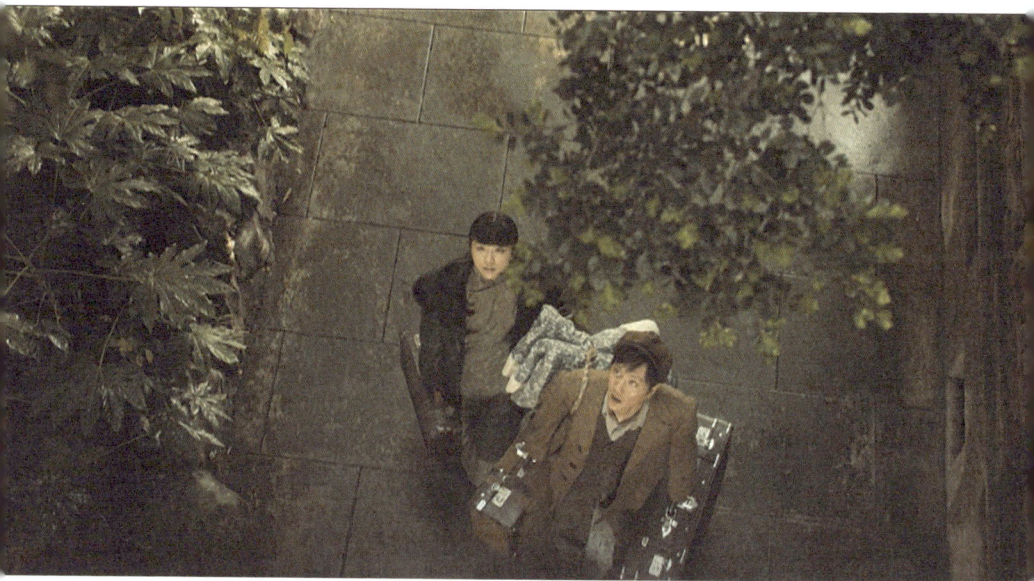

于咖啡店，先前只听说不过可以兼看舞女，使女，"以饱眼福"罢了。谁料这回竟是"名人"，给人"教益"，还演"高谈""沉思"种种好玩的把戏，那简直是现实的乐园了。

没错，萧红与萧军即将接触的，就是如此这般、于来自东北的他们完全陌生的上海文坛。

行囊简单，风尘仆仆，二萧租住在拉都路一个逼仄的亭子间，甫一安顿下来，他们立刻给鲁迅先生写去一封信，急切希望能尽快见到他。次日，好友张梅林参观了他们的"新居"，萧红烙了葱油饼以作招待。饭后，三个年轻人心事重重地在繁华街道上游走了一番。据张梅林回忆，在著名的永安百货，萧军指着一排巴黎香水对萧红玩笑道："你买它三五瓶罢。"萧红立刻说："我一辈子也不用那有臭味的水。"

当天鲁迅的回信便来了，尽管萧红与萧军盼望着与这位文学泰斗的见面，然而鲁迅却在回信里说：

"见面的事，我以为从缓，因为布置约会的种种事颇为麻烦，待到有必要的时候再说罢。"

见个面需要布置些什么？又怎么会"颇为麻烦"呢？萧红与萧军简直大惑不解。他们兴奋、遗憾，或许也有点委屈。但他们并不真正了解当时鲁迅正处在多么凶险的境地。

在电影《黄金时代》中，借由聂绀弩对镜讲述，介绍了鲁迅当时复杂的处境："上海文学流派众多，由于政治倾向、阶级立场不同，论争与笔战激烈无情。作为文坛领袖的鲁迅处在风口浪尖，成为敌对者和不同政见者炮轰的目标。"

正是在这样的情况下，即便正处在病魔的折磨中，鲁迅先生在萧红与萧军等待见面的时间里，对他们的每一封信，都无比真诚地给予了回应：

稚气的话，说说并不要紧，稚气能找到真朋友，但也能上人家的当，受害。上海实在不是好地方，固然不必把人们都看成虎狼，但也切不可一下子就推心置腹。

……

我确是当过多年的先生和教授，但我并没有忘记我是学生出身，所以并不管什么规矩不规矩。

萧红与萧军这两个来自北国的年轻人，在繁华又苍凉的上海滩如同漂荡在一片汪洋上的孤舟，而鲁迅先生的谆谆教诲，语重心长、平易亲切，无微不至，这既出自于他对二人的慧眼，也出自于他的敦厚善良。鲁迅的每一封信，于二萧，就像明灯、像阳光星辰一般重要，是他们坚持前进的力量与方向。

终于，约定见面的回信来到了：

本月三十日午后两点钟，你们两位可以到书店里来一趟吗？小说如已抄好，也就带来，我当在那里等候。

那书店，坐第一路电车可到。就是坐到终点（靶子路）下

车，往回走，三四十步就到了……①

　　1934年11月30日下午2时许，萧红和萧军如愿以偿，终于在内山书店见到了鲁迅。

---

① 萧军《鲁迅给萧红萧军书简注释录》。

〔2〕

　　1978年，垂垂老矣的萧军回忆起与鲁迅的第一次相见，他写道："这是上海冬季所常有的一个没有太阳的阴暗的日子。那时鲁迅先生的年龄是54岁，我是27岁，许广平先生是36岁，萧红是23岁。"

　　拂去时光的烟尘，悠远的往事历历在目。

　　1934年11月30日下午，萧军与萧红到达内山书店的时候，鲁迅早已等候在那里。他坐在一张桌子前面，整理一些信件和书籍，病容相当明显，憔悴不堪，没有刮胡子，眼睛很大，眼睑浮肿，脸色枯黄泛青。二萧见此，心情沉重，无限悲哀。

　　先生缓步走过来："您是刘先生①吗？"

　　萧军低声回应道："是。"

　　"那我们就走吧。"

　　他们跟在鲁迅的身后，跟随他迅速且利落的脚步，热闹街市在那一刻是静止的，唯有那清晰的脚步声与心跳声在耳边回响。萧红与萧军，无比激动，百感交集。鲁迅，也在次日给他们的回信中，安慰了他们难过的心情。

　　我知道我们见面之后，是会使你们悲哀的，我想，你们单看我的文章，不会料到我已这么衰老。但这是自然的法则，无可如

———————————————
① 萧军与鲁迅通信时署名刘军。

何。其实，我的底子并不算坏，十六七岁就单身在外面混，混了三十年，这费力可就不小；但没有生过大病或卧床数十天，不过精力总觉得不及先前了，一个人过了五十岁，总不免如此。

中国是古国，历史长了，花样也多，情形复杂，做人也特别难，我觉得别的国度里，处世法总还要简单，所以每个人可以有工夫做些事，在中国，则单是为生活，就要化去生命的几乎全部。①

在不远处的一家咖啡馆，三人落座。萧红问许广平先生怎么没来，鲁迅很从容地回答：他们要来的。

这些对话与见面的细节，散见于萧红和萧军诸多纪念文章里。在后人看来，里面的所有人都是如此真实、亲切，就像在身边一样，有着很强的身临其境之感。

鲁迅的脸上并没有什么笑容，但这对他的温和毫无妨碍。他像一个慈爱的父亲，端严、凝重，却不会给予他们压力。他的细腻与忠厚，让两个年轻人倍觉温暖。

萧军告诉鲁迅他与萧红是为何从哈尔滨去了青岛，也说了东北被日本人侵占后的状况、人民的生活状况以及抗争。鲁迅也谈到上海的左翼作家群体面临的压迫、杀戮等险境，同时也坦然告诉他们，即便是"左联"内部，也有不团结的现象。坐了一会儿，许广平带着孩子海婴来了，鲁迅从容平静地给众人做着介

① 萧军《鲁迅给萧军萧红书简注释录》。

绍，许广平热情地和萧红与萧军握手。临别时，鲁迅将一个信封放到桌上，那里是萧军与萧红向他借的二十块钱。二萧的眼睛红了，泪水涌上了眼眶。在知道这两个年轻人回城没有坐电车的车钱后，鲁迅立刻从衣兜里掏出了零钱，他和许广平送二萧出门，直到他们上了车，鲁迅还直直地站在路边看着，许广平则挥动着

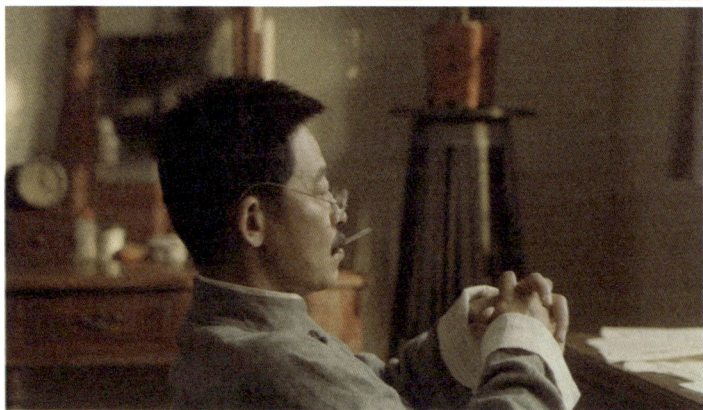

手帕，连小小的海婴也挥扬着他的小手……

萧红与萧军，透过电车的玻璃窗，看到了一代文学巨匠的温情和寂寞。

……那些诬陷的方法，真是出人意外，譬如对于我的许多谣言，其实大部分是所谓"文学家"造的，有什么仇呢，至多不过是文章上的冲突，有些是一向毫无关系，他不过造着好玩，去年他们还称我为"汉奸"，说我替日本政府做侦探。我骂他时，他们又说我器量小。单是一些无聊事，就会化去许多力气。但，敌人是不足惧的，最可怕的是自己营垒里的蛀虫，许多事都败在他们手里。因此，就有时会使我感到寂寞。

但我是还要照先前那样做事的，虽然现在精力不及先前了，也因学问所限，不能慰青年们的渴望，然而我毫无退缩之意。①

鲁迅是文坛领袖，革命文学的旗手，亦是萧红与萧军的导师。在研读二萧与鲁迅的通信时，可以看到，二萧几乎什么问题都问，像充满渴求与求知欲的孩子，而鲁迅，几乎事无巨细地一一解答与点拨，同时耐心开导他们的愤怒、委屈与痛苦，甚至会顾及他们敏感的自尊心：

来信上说到用我这里拿去的钱时，觉得刺痛，这是不必要的，我果然不收一个俄国的卢布、日本金圆，但因出版界上的

---

① 萧军《鲁迅给萧军萧红书简注释录》。

资格关系，稿费总比青年作家来得容易，里面并没有青年作家的稿费那样的汗水的——用用毫不要紧。[1]

为了尽可能地多地给这两位青年作家帮助，让他们在声色犬马、鱼龙混杂的上海文坛不至于沉沦，借胡风的初生子满月，鲁迅邀请萧红与萧军晚宴，为他们介绍文坛的良师益友。

为了这次会面，在光线昏暗的亭子间，就着一盏昏黄的电灯，萧红用一个下午和一个通宵的时间为萧军缝纫了一件新衣服。

"她几乎是不吃不喝不停不休地缝制着，只见她那美丽的，纤细的手指不停地在上下穿动着。"

这是萧军记忆里的那个夜晚。那个女人，如此深切地用全身心在爱着他。

不久后，二萧特意到法租界万氏照相馆补照了一张照片。萧军穿着萧红给他做的黑白方格的新礼服，萧红顽皮地叼起了一只烟斗。

身处贫困，前途渺茫，但这张照片定格了一份丰盈充实的真情，定格了他们坚定的、对未来充满希望的眼神。

晚宴上群星熠熠。

除了胡风夫妇因为没有及时收到信缺了席，茅盾、叶紫、

———————————
[1] 萧军《鲁迅给萧军萧红书简注释录》。

聂绀弩等人都来了。许广平对萧红十分亲热，以主人的身份介绍着各位，鲁迅则委托叶紫帮助和引领二萧，两个来自东北的年轻人很快与这些朋友熟识，结下了终生的友谊。

从这个晚上开始，萧红与萧军正式步入左翼作家的行列，鲁迅不遗余力地为出版萧红与萧军的作品联系旧友、寻找出路："托人把这部稿子送到各方而去兜售，希望能找到一处可以公开出版的书店来接受它。"萧红的小说《小六》及萧军的《职业》《货船》《初秋的风》等作品，经由鲁迅的推荐，陆续发表在上海的一些刊物上。鲁迅还对他们的文学创作提出中肯的建议与指导：

"一个作者，'自卑'固然不好，'自负'也不好的，容易停滞。我想，顶好是不要自馁，总是干，但也不可自满，仍旧总是用功。要不然，输出多而输入少，后来要空虚的。"

1935年6月，萧军的《八月的乡村》出版，引起轰动，鲁迅很高兴，他兴奋地将这个作品寄给了许多朋友，包括很多外国友人，他希望更多的人了解这部作品，了解其中所写到的中国人民的抗争。与萧红的写作风格截然不同，萧军在《八月的乡村》里讲述了一支抗日游击队的成长，行文遒劲雄浑，英雄主义色彩浓厚，但又朴实简单，充满浓郁的地方色彩。

与此同时，萧红写下了散文《三个无聊的人》，表达自己的女权主义思想，而她的中篇小说《麦场》却迟迟等不到出版的消息。《麦场》在朋友们之间传阅，对于它的名字，大家各有建议，也产生了争议。胡风建议为其改名为《生死场》，鲁迅说："《生死场》的名目很好……"

导师的关爱温暖着两颗漂泊的心灵，萧红与萧军成了鲁迅家的常客，特别是萧红，她曾将鲁迅比喻为自己的祖父，那个童年时代给过她最多温暖的老人。

〔3〕

树枝摇动，影子在窗户上晃动，屋子里，双耳花瓶的瓷釉自然堆起了纹痕，空气里是缭绕的纸烟气息。

"这叫什么名字？屋里不生火炉，也不冻死？"

二萧第一次来到鲁迅家中拜访，是在一个微寒的夜晚，萧红凝视着一盆青翠的植物，无比好奇地问。

"这花叫万年青，永久这样。"鲁迅先生将烟灰抖在花瓶旁边的烟盒中，红的烟火在他的袖口，显得越发的红了。

萧红来自北国，看着那一年四季都不凋零的植物，颇有点惊奇。

冷雨敲窗。那天晚上，鲁迅到底讲了些什么，萧红记不起来了，但她记得雨点淅淅沥沥地打在玻璃窗上，窗子没有窗帘，偶一回头，就看到玻璃窗上有小水流往下流。夜深了，落

了雨，她心里十分着急，和萧军几次站起来想要走，但鲁迅先生和许先生一再说再坐一会儿："十二点钟以前终归有车子可搭的。"于是他们一直坐到将近十二点钟。

临别，鲁迅非要送到铁门外不可。萧红感动地想，为什么他一定要送呢？对于这样年轻的客人，这样的送是应该的么？雨难道不会打湿了头发，受了寒伤风不又要继续病下去么？

就站在铁门外，鲁迅指着隔壁那家写有"茶"字的大牌子："下次来记住这个'茶'，就是这个'茶'的隔壁。"他伸出手去，几乎是触到了钉在铁门旁边的那个九号的"九"字：

"有牌子的弄堂就是我家，九号，记住哦。"

在鲁迅家里发生的这些细节，出自萧红的回忆文章。鲁迅去世后，怀念他的文字很多，但萧红的回忆却与众不同，如《鲁迅先生记》《回忆鲁迅先生》，里面全是琐碎的细节，细节里的温度与情感格外的动人。

萧红曾回忆说：在没见到鲁迅先生时，猜想他一定是一位很严厉的人。但见面后，便觉得鲁迅先生是很容易接近的。有一次她问鲁迅：您对青年们的感情，是父性的呢，还是母性的？鲁迅靠在藤椅上，沉吟了一下，慢慢地说："我想，我对青年的态度，是母性的吧。"

鲁迅先生的笑声是明朗的，是从心里的欢喜。若有人说了什么可笑的话，鲁迅先生笑得连烟卷都拿不住了，常常是笑得咳嗽起来。

鲁迅先生走路很轻捷，尤其使人记得清楚的，是他刚抓起帽子来往头上一扣，同时左腿就伸出去了，仿佛不顾一切地走去。

鲁迅先生不大注意人的衣裳，他说："谁穿什么衣裳我看不见得……"

……

鲁迅先生不游公园，住在上海十年，兆丰公园没有进过。虹口公园这么近也没有进过。春天一到了，我常告诉周先生，我说公园里的土松软了，公园里的风多么柔和。周先生答应选个晴好的天气，选个礼拜日，海婴休假日，好一道去，坐一乘小汽车一直开到兆丰公园，也算是短途旅行。但这只是想着而未有做到，并且把公园给下了定义。鲁迅先生说："公园的样子我知道的……一进门分做两条路，一条通左边，一条通右边，沿着路种着点柳树什么树的，树下摆着几张长椅子，再远一点有个水池子。"

……

在工作之前，他稍微阖一阖眼睛，燃起一支烟来，躺在床边上，这一支烟还没有吸完，许先生差不多就在床里边睡着了。（许先生为什么睡得这样快？因为第二天早晨六七点钟就要起来管理家务。）海婴这时也在三楼和保姆一道睡着了。

全楼都寂静下去，窗外也是一点声音没有了，鲁迅先生站起来，坐到书桌边，在那绿色的台灯下开始写文章了。

许先生说鸡鸣的时候，鲁迅先生还是坐着，街上的汽车嘟嘟地叫起来了，鲁迅先生还是坐着。

有时许先生醒了，看着玻璃白萨萨的了，灯光也不显得怎样亮了，鲁迅先生的背影不像夜里那样黑大……①

在许多人心目中，鲁迅已是一个有神性的伟人，被有意无意地拔高了。出于对文学大师的仰视，多数人会从一种自下而上的视角去解读他的伟大之处与人格魅力。但萧红却将鲁迅还原成了一个凡人，这是其他作者很难做到的。"别人都在一直阐述鲁迅的思想，萧红一直在写鲁迅的生活，她写一个人间的鲁迅。"②

那是行走的鲁迅，阅读的鲁迅，沉思的鲁迅，忧愁的鲁迅，开怀大笑的鲁迅，坐硬板凳吃硬饭的鲁迅，执拗的鲁迅……他是如此鲜活，如此平凡，如此动人。

萧红在她独属的记忆里游走着，不放过任何一点蛛丝马迹，让鲁迅在她的记忆与文字中真实地复活。从她的眼中和笔下，人们看到鲁迅温暖有情的一面，看到他与妻子的相濡以沫，与稚子的舐犊情深。萧红的视角又是那么的多元：街道、庭院、书房、

———————————

① 萧红《回忆鲁迅先生》。

② 语出萧红研究会副会长章海宁。

暗室、楼上、楼下，她像蝶，像蜻蜓，像贴于灯管与墙面的飞蛾，追随着、观察着、体验着鲁迅一家人的生活细节。

"周先生，你看我这衣裳漂不漂亮。"

"不大漂亮。"

"为什么？"

"你的裙子配的颜色不对，并不是红上衣不好看，各种颜色都是好看的。红上衣要配红裙子，不然就是黑裙子。咖啡色的就不行了；这两种颜色放在一起很浑浊。"

……那天鲁迅先生很有兴致，把我一双短统靴子也略略批评一下，说我的短靴是军人穿的，因为靴子的前后都有一条线织的拉手，这拉手据鲁迅先生说是放在裤子下边的……

我说："周先生，为什么那靴子我穿了多久了而不告诉我，怎么现在才想起来呢？现在我不是不穿了吗？我穿的这不是另外的鞋吗？"

"你不穿我才说的，你穿的时候，我一说你该不穿了。"①

如何界定萧红与鲁迅的关系？有些人做过不少题外的解读，甚至过于去放大人与人之间复杂联系中隐秘的、难以言传的因素。

---

① 萧红《回忆鲁迅先生》。

"鲁迅并不仅仅只对萧红一个人好，他对于萧军的扶持与关爱，从某种角度来说要远远大于萧红，但我们往往却看到萧红写《回忆鲁迅先生》写得那么好，就忘掉了萧军对鲁迅也有很痛彻肺腑的回忆。"[1]

而萧红之所以对鲁迅那么懂，她的回忆之所以那么独特细致，或许正如鲁迅在《生死场》的序言里所写，这只是出于她作为"女性作者细致的观察和越轨的笔致"。不管怎样，或许是缪斯与命运的眷顾，萧红以她独有的天赋，对鲁迅"横眉冷对千夫指，俯首甘为孺子牛"的精神内核做出了无比深刻的阐释，不得不说，这是她献给文坛的最珍贵的礼物之一。

〔4〕

1935年12月，《生死场》终于得以出版。这是呼兰河的叛逆女儿张迺莹、哈尔滨落魄的文学女青年悄吟，以"萧红"为笔名发表的第一部小说。

萧红的文学生命，在这部作品上击出了重音。

校样出来后，鲁迅一看完，立刻便撰写了序言。很快，校样转寄到萧军与萧红手中。他们看到鲁迅用红笔认认真真修改

---

[1] 语出萧红研究会副会长章海宁。

了上面的错字，萧红感佩万分，鲁迅却很淡然："我曾经做过杂志的校对，经验也比较多，能校是自然的，但因为看得太快，也许还有错字。"他的态度，既体现了对青年作者的爱护，更为萧红与萧军树立了严谨的榜样。

《生死场》甫一问世，便如一颗闪耀着光辉的明星，照亮了沉寂已久的上海文坛。它独树一帜的风格，收获了空前的热度，更引来了无数热议。

许广平说："这是萧红女士和上海人初次见面的礼物。"胡风热情地为《生死场》撰写了评论，盛赞萧红："这本不但写出了愚夫愚妇底悲欢苦恼而且写出了蓝天下的血迹模糊的土地和流在那模糊的血土上的铁一样重的战斗意志的书，却是出自一个青年女性的手笔。在这里我们看到了一个女性的纤细的感觉，也看到了非女性的雄迈的胸襟。"不仅如此，胡风还将这部小说力荐给夫人梅志："这是有着天才闪光的作品，你看看吧，可以得到不少益处。"

梅志很感动也很喜欢，但她也表达了自己的疑惑："怎么这样写呀？忽然这样，一下子又那样，一点不连贯，也不完整，简直把人搞胡涂了，不像小说。'小说作法'上一定没有这样写法。"

胡风说："你呀，你呀，真是被旧小说害得不浅，什么'小说作法'，那些框框害你不浅，你要好好地读读她的作品。它虽然有缺点，你看她的感觉多敏锐，写人物自然风景不受旧的形式束缚，这正是她独特的风格，这是近年来不可多见的作家！"①

上海文坛回应萧红以极大的厚爱，自此，萧红与萧军的经济状况得到了明显改善，写了稿子不愁没有地方发表，稿酬丰厚，邀约不断，不用再操心衣食，漂泊浪荡的生活暂时告一段落。

生活有了好转，志同道合的朋友也更多了。萧红、萧军与胡风、梅志、聂绀弩等人建立了亲密的友情，他们经常聚在一起，做饭，包饺子，谈时事，谈人生与文学，度过了一段难忘的欢乐时光。他们如此年轻，如此活跃，如此纯粹，充满了真性情。为了心中认定的目标、为了理想，这些年轻人随时可以赴汤蹈火。时局艰难动荡，生活残酷却又浪漫，因为有了知己，苦中作乐，不乏轻松，创作的欲望也更为强烈；苦难积淀成营养，因有了同道者的分享与互助，梦想到底没有不幸地沉沦于虚空。

既然是朋友是知己，更何况在某种意义上还是战友，那么说话是用不着掖掖藏藏的。聂绀弩性格直爽，在萧红、萧军的小说尚未出版、被生计折磨得焦头烂额时，他便很直接地建议他们写点文章换钱。萧军犹豫，说写了也没处发，聂则干脆建议："你找老头子（鲁迅），他总有办法……"二萧果真听从

① 梅志《爱的悲剧——忆萧红》。

了他的建议，去找鲁迅求助。

《生死场》出版后，对二萧的文学成就进行评价，言辞犀利的胡风则更是快人快语，认为萧红在创作上比萧军要高，萧红的人物都是从生活中提炼出来的，活生生的，人物是喜是悲都能让人感同身受，就像活在身边一样。

这样的话，被自尊要强甚至大男子主义的萧军听了，不知会做何感想。

萧红早逝，她活在朋友们的回忆里，这些朋友往后的境遇，她永远不会知晓。晚年的萧军回忆起老友们的音容笑貌，写下了这样的诗句：

化雨师恩酬几许？他山故谊怅何及。

余将倦眼量沧海，浩淼烟波入望迷。

在1935年前后的上海，萧红、萧军与胡风、梅志、聂绀弩、白朗、罗峰这些朋友携手同心，用手中的纸笔，记录着、见证着、经历着属于他们的黄金时代。

那是一个浪漫的、充满理想主义的时代，这些年轻人以无限的热情与纯度去追求他们向往的美好生活，去践行自己的理想，完善自我的灵魂。将我们的目光从文坛掠过，纵观整个中国，学术界，到政界，到实业界、教育界……又何尝不是一个大师辈出、群英荟萃、风起云涌的黄金时代？

萧红的眼界渐渐拓宽，在文学上的造诣经过历练日趋成熟。散文集《商市街》，收录散文41篇，这些散文陆续发表在刊物上，得到业内的激赏。萧红的作品更加专注于国民性与人类精神世界，跳脱于传统的抗日文学风潮，主题更为独特或者说深刻。在这一点上，她与鲁迅是共通的。

这一时期，是萧红在创作生涯上重要的转折点，可生活就是这样，岂能事事让人如意？爱情在这个时候唱起了反调，乱弦飞舞，五心作乱。每一个深陷情海的世俗女子，在爱情中何尝不是亦步亦趋小心翼翼，可苦心经营的安稳与幸福，总敌不过现实的考验。

1936年，萧红与萧军感情产生裂痕。在朋友的建议下，萧红满怀伤感，决意去日本东京暂居一段时间。1936年7月15日，鲁迅与许广平设家宴为萧红饯行。蝉声凄切，绿荫筛下微茫天光，房间浮动着脆薄的尘灰，鲁迅强撑病体，靠在藤椅上对萧红说：

"每到码头，就有验病的上来，不要怕，中国人就专会吓唬中国人，茶房就会说：验病的来啦！来啦！……"

电影《黄金时代》中，鲁迅独白："我们好像都是爱生病的人，苦得很。我的一生，好像是在不断生病和骂人中，就过去多半了。说到幸福，值得面向过去，或者面向除了坟墓以外没有任何希望的将来。每个战士都是如此。我们活在这样的地方，我们活在这样的时代。"

那次家宴，是萧红与鲁迅最后一次见面。两个多月后，鲁迅病逝。

为自己精神与文学的导师，萧红沉痛地写道：

我就在你的墓边竖了一株小小的花草，

但，并不是用以招吊你的亡魂

只说一声：久违

……

那一刻，胸中的肺叶跳跃起来，

我哭着你，

不是哭你，

而是哭着正义。

你的死，总觉得是带走了正义，

虽然正义并不能被人带走。

我们走出了墓门，

那送着我们的仍是铁钻击打着石头的声音，

我不敢去问那石匠

将来他为着你将刻成怎样的碑文？

第三章

寂寞是她的星座

〔1〕

　　1978年，71岁的萧军在整理旧物时，发现了一些书信。劫后余生的纸张，如秋日的枯叶落满了岁月的积尘。那是1936年到1937年间，萧红从日本寄给萧军的信。

　　萧军回忆道：

　　我为她寄去日本的信件，由于当时国内和日本的政治环境正是十分恶劣，不宜于保存在身边，一旦被日本"刑事"搜出，而发现她的左翼作家身份，这会增加无限的麻烦。当她去日本之前我就告诉她，信读过以后，马上就焚毁或消灭掉，不要留下任何痕迹，因此，我给她的信就一封也没遗留下来。至于如今留下的几封，这全是后来她从北京带回来的。

关于这批书简还能够存留到今天，居然还能够和读者们见面，这只能说是一个偶然的"奇迹"！若按一般规律来说，它早就该尸骨无存了。

从一九三六、七年计算到今天，已经是四十多个年头过去了。这期间，对于我们国家、社会……来说，是一个大动乱、大变换、大革命……的时代；对于我个人来说，在生活方面是东飘西荡，患难频经，生死几殆，……当时一身尚难自保，更何能顾及到身外诸物？……兴念及此，不能不怆然以悲，怆然

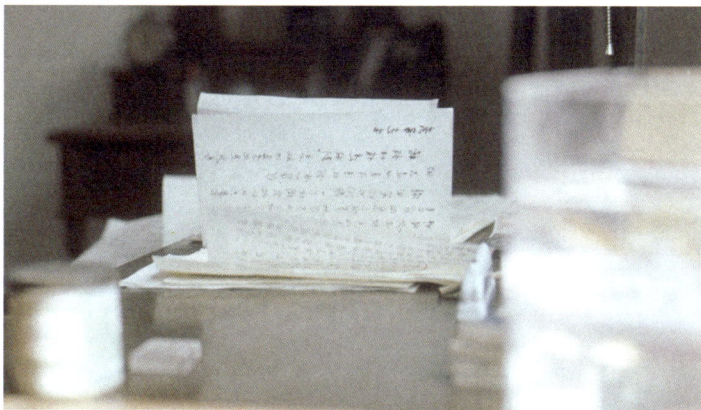

而涕，悚然以惧，以至欣然而喜也！ ①

爱情，这落墨浓重的两个字，往往是经不住解构的。关于它的得与失，不必将因由全摊给所谓乱世。身处其中的人，才是因果的关键。

那些会让心刺痛的答案，不用往深里琢磨，直接问问自己的心，便会知道根结在哪里，更何况冰雪聪明如萧红。时光划过那些纠结与暗涌，在无数个不眠的夜里，洒落在窗台冰冷的月光，无非是心中不甘、不舍的映照。

走吧！还是走。

若生了流水一般的命运，

为何又希求着安息。

其实她全都了然，不是吗？

但面对"流水一般的命运"，谁真能做到安之若素？在爱情上，纵然企盼着再平凡不过的归宿，萧红却从未给她自己选择过一条"平凡之路"。

1936年7月，萧红远渡重洋，只身前往日本。按萧军的说法，萧红去日本是为了疗养身体和专心写作。当然也有研究者认为，她是为了逃避与萧军岌岌可危的感情。

---

① 萧军《萧红书简辑存注释录》。

从胡风的夫人梅志以及许广平等人的回忆文章里可以看出，二萧在上海成名后，萧红在情感上的苦闷并未因境遇的改善而有所减轻。

美国著名汉学家葛浩文在《萧红评传》中写道："萧红就是这一代中为了所谓现代化，不惜付出任何代价的一大部分人中的典型人物。遗憾的是他们那些人往往在身心方面都欠缺面对新方式的准备。对女性而言，这新的变革和考验是非常艰辛的，唯有那些最坚强的人才能安然无恙地渡过难关。"

难道萧红不坚强吗？不是不坚强，可既然没有遭遇理想的社会环境与男性群体，作为女人，得要"足够坚强"才能挺过去。男权文化在传统社会里无所不在，男性承受着源于生活的压力，而女性不但要承受来自于生活困境的压力，同时还要接受来自于男性的压力。萧红在这一点上体会得不能再深了。生活与爱情，宛如苦杯中涩然的酒，她一口一口，独自吞咽着。

病痛自第一次生产以后便折磨着萧红，才二十来岁，同龄女子肌肤如绸青丝如漆，而萧红却有与年龄极不相称的花白的头发。她脸色蜡黄，嘴唇苍白，受着胃病与腹痛的侵扰。萧红并未从根本上好好治过病或做过休养。与此同时，她除了写作（另要为萧军整理文稿）还要干家务活。对于跳荡不羁的萧军来讲，他也许并没有耐心去真正关注爱人的病痛，体会她的难处。是他天性如此，还是爱情淡去后正常的漠然，只能任人揣测，也任萧红独自消化了。

萧红身心疲惫，鲁迅的家成了她唯一的避风港。鲁迅也病得很重，担心丈夫陪客劳心，许广平只得撇下繁重家事，陪萧红在客厅聊天长谈。然而萧红的忧郁是无人能慰藉的，强烈的忧愁，像用纸包着的水，总没法不叫它渗出来。胡风的妻子梅志曾回忆，她在鲁迅家见到的萧红，"形容憔悴，脸都像拉长了。颜色也苍白得发青"。

许广平也曾回忆，某天她在楼梯上遇到梅志，焦头烂额地向梅诉苦，说萧红天天来一坐就是半天，哪有时间陪她，只好叫海婴去陪她。"我知道，她也苦恼得很……她痛苦，她寂寞，没地方去就跑到这儿来，我能向她表示不高兴，不欢迎吗? 唉! 真没办法。"

有什么办法? 直到有一次为陪萧红，忘了关窗，导致鲁迅先生发烧，许广平终于忍不住感慨："一个人生活的失调，直接马上会影响到周围朋友的生活也失了步骤，社会上的人就是如此关联着的。"

不得不说，作为丈夫，倘若萧军能多慰藉和关怀萧红一点，又如何能让这个满心愤懑无处消解的女子在无助茫然时侵扰到他人的生活?

即便有朋友，有师长，有丈夫，即便看起来生活好了，只要再努力一点点、再坚持一下下，慢慢地什么都会有，但寂寞却是萧红永恒的星座。

　　好友梅志眼里的萧红，是一个有些情绪化的女子，敏感，固执，对于内心情感的需求非常强烈。据梅志回忆，有一次萧红想给她和胡风的孩子买件礼物作纪念，结果萧军却买回了一个面包圈，萧红非常气恼，这让萧军觉得莫名其妙难以理解。

　　萧红表示出很不满意：

　　"嘿，叫你买玩意儿，给买几个列巴圈。"

　　"怎么？列巴圈不好？"

　　我一看萧军眼睛瞪着，赶快说：

　　"这就顶好，又能吃又能玩嘛。"

萧红的心理我是理解的，她想给孩子买一件真正的玩具，这也可说是她母性加女性的表现，谁知萧军没把它当回事，还故意显露出不听她摆布的样儿，我看得出萧红很难过。真的买件能保留下来的玩具，可能我们会保留到现在呢！①

萧红的敏感细腻与萧军的粗枝大叶，价值观的差异，各自性格的问题，让两个人的生活矛盾频出，摩擦不断。一起吃苦受难的时候，因为要共同面临与分担生活的难题，二人同心协力，相濡以沫，情感无比融洽，然而当境遇转好，不论人还是感情，都疲态尽显。

爱便爱，不爱便丢开，这是萧军的爱情哲学。这样的哲学一开始听起来，向往自由的新女性或许会被其中的豁达随意所吸引，甚至在相处之初情投意合之际，会抱有一些侥幸的幻想：不会不爱的，他不会将我丢开的，我会是他停留的港湾。

真是孤勇，陷入爱情的女人，如置身在一座假想的城，沉浸在"固若金汤"的谎言中。对于真相，是勇敢地面对还是勇敢地隐忍呢？

萧军从不否认自己对女人的吸引力。他爱女人，他喜欢追逐她们轻盈的脚步，捕捉酒窝边甜美的笑容，这真是让病体恹恹的萧红苦不堪言。

① 梅志《爱的悲剧——忆萧红》。

萧红摩挲着爱的苦杯，将自己尽情放逐在深重的悲愁与失望之中。

带着颜色的情诗，

一支一支是写给她的，

像三年前他写给我的一样。

也许人人都是一样，

也许情诗再过三年他又写给另一个姑娘！

昨夜他又写了一支诗，

我也写了一支诗，

他是写给他新的情人的，

我是写给我悲哀的心的。

……

他给他新的情人的诗说：

"有谁不爱个鸟儿似的姑娘！"

"有谁忍拒绝少女红唇的苦！"

我不是少女，

我没有红唇了，

我穿的是从厨房带来油污的衣裳。

为生活而流浪，

我更没有少女美的心肠。[①]

瞧，她才25岁。可她说她不是少女，她没有红唇了。

"程女士"又来了。或者说她回来了。

那个叫陈涓的姑娘，她的家乡就在上海。她和萧军在哈尔滨结识，此时，她和萧军在上海重逢了。萧军很自负，感情一向炽烈。他上过军校，有不错的文化水平，认为自己很能吸引女孩子，追求心仪的女人，他能做到全情投入。

1944年6月，陈涓在杂志《千秋》的创刊号上，署名"一狷"，发表了文章《萧红死后——致某作家》，在其中，萧军被她描绘成一个疯狂单恋她的人。她无比委屈地回忆着萧军热烈的纠缠，他"惨厉的狞笑"，以及他请求她"你得便也常上我家来玩，也常邀我去你家吃东西"，她隐隐觉得，"这事越来越糟，你那种倾向实在太可怕了"。纵然听起来好像她也有点冤，但陈涓应该也能猜到，自己确实在有意无意间，为萧红爱情的"苦杯"中又加入了一丝苦涩。

平静早已打破。曾经假作视而不见、隐忍于心的伤口，逐渐痛不可当。爱人的移情别恋，对萧红的心理造成重创，她无从排遣心中的痛苦与迷乱，在感情上既不能向前也无法回转，只能在原地绝望徘徊。

1936年7月，萧红接受友人黄源的建议远赴日本。在离开上

① 萧红《苦杯》。

海前，她和萧军约定一年以后再相聚。他们和黄源一起去照相馆照了一张合影，相片中，三人看似快乐地互搭着肩，萧红穿着花布旗袍，烫了头发，嘴角微张，眼中蕴着温柔的笑。

"海上的颜色已经变成黑蓝了，我站在船尾，我望着海，我想，这若是我一个人怎敢渡过这样的大海！"①

毕竟还是要一个人渡过的。

〔2〕

"今天我才是第一次自己出去走个远路，其实我看也不过三五里，但也算了，去的是神保町，那地方的书局很多，也很热闹，但自己走起来也总觉得没什么趣味，想买点什么，也没有买，又沿路走回来了。觉得很生疏，街路和风景都不同，但有黑色的河，那和徐家汇一样，上面是有破船的，船上也有女人，孩子……"

空气里浮动着陌生的语言，窗台摇晃着异国的阳光，青石路上，传来似真似幻的木屐声声。好友黄源的夫人许粤华也在东京，许在生活上照应着萧红，但萧红似乎并不快乐。8月，许粤华回国，萧红更觉得寂寞了。那时候，对于她与萧军之间的关系，她仍怀着希望。和萧军生活在一起的时候，她一直处在

① 萧红《致萧军》。

对他强烈的依恋与依赖中，知道有问题，也想过离开，但就是无法逃离情感的罗网。她在旋涡里打着转，始终没有转出去，即便是已经"逃"去了日本。

萧红在给萧军的信件里诉说着琐事与思念，她依旧不忘将她认为最重要的事情告诉这个男人：

> 现在我庄严的告诉你一件事情，在你看到之后一定要在回信上写明！就是第一件你要买个软枕头，看过我的信就去买！硬枕头使脑神经很坏。你若不买，来信也告诉我一声，我在这边买两个给你寄去，不贵，并且很软。第二件你要买一张当作被子来用的有毛的那种单子，就象我带来那样的，不过更该厚点。你若懒得买，来信也告诉我，也为你寄去。还有，不要忘了夜里不要（吃）东西。没有了。以上这就是所有的这封信上的重要事情。[①]

看到信上的这些文字，女性读者难免感慨，这写信的女人，是萧红又不是萧红。没错，她是萧红，但她也只是个和所有女人一样的平凡女人。也许萧红并不曾料到对于这琐细的关怀，萧军的态度却是："她常常关心得我太多，这使我很不舒服，以至厌烦。这也是我们常常闹小矛盾的原因之一。"[②]

萧红赴日77年后的2013年4月，上海已是初春时节，电影《黄金时代》剧组在外景地选择了一栋日式结构的房屋，重新

①② 萧军《萧红书简辑存注释录》。

布置成萧红在东京的居所。演员汤唯在这间屋子里要完成的戏份，大多是写作的镜头。

如何还原当时的情景？演员如何体味主人公的心境？汤唯说："如果我的心里没有那个东西，（促使）她写那些内容的东西，如果说我的感受跟萧红的那一刻所写的内容感受不同，甚至是哪个字句不对，那个戏就不对了。"

萧红心里的东西是什么？

异国孤旅，并未让她的心情舒展，但她拖着病体，一直在坚持创作，同时孤独地对自己情感上的病灶进行着收效甚微的疗愈。细细想来，不免让人在怜惜的同时感慨万端：爱情可以是一种美好的成全，而情执却是一种癌，它真的会一点一点吃掉宿主的生命。

夜间，这窗外的树声，

听来好像家乡田野上抖动着的高粱，

但，这不是，

这是异国了，

踏踏的木屐声音有时潮水一般了。

日里，这青蓝的天空，

好像家乡六月里广茫的原野，

但，这不是，

这是异国了，

这异国的蝉鸣好像更响了些。[①]

心的表面是安静的，冷的，它被爱情冰冻过，如悄然涌动的冬日夜潮，寒雾凝冰之下，流淌着思念、哀伤、期许、无奈、失望……从夏天到红叶之秋，再到白雪纷然飘落，萧红在东京，看到了千里外的故乡，故乡遥远得像前世的一场梦，还能回去吗？

写作，一直写，用生命来写。用书写来对抗，也用书写来遗忘。

散文集《商市街》出版，萧红奋力笔耕，曾在一个半月内写下近三万字，这极大地损耗了精力，让她劳累过度，以至于影响了心脏。待身体刚刚恢复了些许，一个始料未及的噩耗传来。

1936年10月19日，鲁迅先生病逝。

东渡日本后，萧红与鲁迅并没有任何书信往来，萧军的说法是，鲁迅先生身体非常不好，但他又讲究诚信，为人敦厚友善，每一位青年给他写信，他接到了都是要给人回信的。为了减轻鲁迅先生的负担，不给先生添麻烦，他和萧红约好了不去打扰，所以不约而同都不给鲁迅先生写信。

鲁迅逝世三天后，萧红才从日本得到确切的消息。宛如晴天霹雳，萧红悲痛欲绝，嘴唇上火，口腔出现溃疡，不能吃

103

① 萧红《异国》。

饭，高烧不断，只能喝一点水。

她的心剧烈跳动，无法将"死"和她的导师与引路人联系在一起。萧红睁着黑色的眼睛，带着一丝荒诞感和沉滞的悲伤，看着那个已经没有了鲁迅的世界。

日月轮转，天地如常。听到耳里的只是自己的脚步声，以及雨水从头上的树叶落到雨伞上发出的响亮声音。"我已经打开了房东的格子门，可是我无论如何也走不进来，我气恼着：我怎么忽然变大了？"

世界好像空了，这和珍宝一样得来的情谊，一旦失掉了，那刺痛就更甚于失掉了珍宝。萧红对萧军说，她知道其实一个人的死是必然的，但道理是道理，情感上就总是不行，"现在他已经是离开我们五天了，不知现在他睡到哪里去了……"

那段时间，萧红几乎每天都会流泪，泪水落下的时候，五味杂陈，心绪纷乱，难以自已，邻舍不时传来凄婉的筝声，越发激起她的悲伤。

萧红的眼泪也许不只为鲁迅而流，也为着她自己。鲁迅去世后，萧军在上海发生了一段新的恋情，女主角正是好友黄源的妻子许粤华，这个女子同时也曾是萧红的闺中密友，她对萧红曾那般友善地照拂。

多年以后，萧军也直言不讳，在爱情上曾经对萧红有过一次"不忠实"的事。萧红在日本期间，他曾经和某君有过一段短时期感情上的纠葛，"为了要结束这种'无结果的恋爱'，我们彼此同意促使萧红由日本马上回来。这种'结束'也并不能说彼此没有痛苦的"。

他说的"某君"，正是许粤华。

> 烦恼像原野上的青草，生遍我的全身了……失掉了爱的心板，如同失掉了星子的天空。什么最痛苦，说不出的痛苦最痛苦。①

萧红何尝不知道如何解脱，何尝不明白早就应该让心挣脱束缚，放眼于更为开阔辽远的人生。"世界那么大，而我却把自己的天地布置得这样狭小！……我的胸中积满了砂石，因此我所向往着的：只有旷野、高天和飞鸟。"她无比清楚地看到心底绽开的伤口，遗憾的是，她无能无力，愈加陷入巨大的精神痛苦以及牢笼般的寂寞里。

电影《黄金时代》中，有这么一幕，萧红躺在地板上，凝视自己手臂的倒影，月光清冷、悠远，如同生命的底色，缓缓渗透进封闭的空间。在东京的这些寂寞哀伤的日子里，在给萧军的信里，萧红第一次提到了"黄金时代"四个字。

> 窗上洒满着白月的当儿，我愿意关了灯，坐下来沉默一些时候，就在这沉默中，忽然象有警钟似的来到我的心上："这

105

---

① 萧红《苦杯》。

不就是我的黄金时代吗？此刻。"于是我摸着桌布，回身摸着藤椅的边沿，而后把手举到面前，模模糊糊的，但确认定这是自己的手，而后再看到那单细的窗棂上去。是的，自己就在日本。自由和舒适，平静和安闲，经济一点也不压迫，这真是黄金时代，是在笼子过的。从此我又想到了别的，什么事来到我

这里，就不对了，也不是时候了。对于自己的平安，显然是有些不惯，所以又爱这平安，又怕这平安。

　　她当然是恐惧的，一个女人再怎么勇敢，内心仍然有柔软脆弱的一面，仍然需要呵护与安抚。萧红预感到了什么呢？她正处在创作的高峰期，是否命运对未来的安排，已然透露了一点令她不安的线索？是什么东西在心里敲了警钟？是那些未知的、已然感觉到的、说不清道不明的直觉？

黄金时代，这四个充满热度却让人隐隐不安的字，是萧红从清冷的白色月光中捕捉到的人生密码。

〔3〕

1937年1月，萧红从日本启程回到上海。

萧军与许粤华的恋爱出于道义不得已结束，但有些小事端却让二人藕断丝连，许珠胎暗结，做了人工流产手术，萧军忙于照顾她，自然会冷落萧红。感情创痕加深，二萧的关系艰难纠结，甚至加剧恶化。她尽量把自己沉浸在创作中忘却痛苦，但这样的痛苦，实在是太难忍受。萧军短暂的恋情掺杂在黄源与许粤华的家庭关系中，何尝不让他头疼？他本性粗犷暴烈，烦心事一上头，情绪恶劣的萧红再稍作刺激，萧军立时便会发作。"如今很少能够不带醋味说话了，她可以毁灭了一切的同情！"幻灭感引发愤怒，两人时常爆发激烈的争执。

从战战兢兢如履薄冰，到忍无可忍，感情降到冰点。

萧红在《苦杯》里用诗句倾诉：

已经不爱我了吧！

尚与我日日争吵，

我的心潮破碎了，

他分明知道，

他又在我浸着毒一般痛苦的心上，

时时踢打。

往日的爱人，

为我遮蔽暴风雨，

而今他变成暴风雨了！

让我怎来抵抗？

敌人的攻击，

爱人的伤悼。

此时的萧军，在萧红心目中，竟然类似于她憎恶的父亲：
"我幼时有一个暴虐的父亲，他和我父亲一样了！"而五年
前，她还曾满怀感激与爱，在夜深不寐之时，为他写下那些深
情的春曲。

1937年5月，在给萧军的一封信里，萧红毫不掩饰她的痛苦
与绝望：

"我虽写信并不写什么痛苦的字眼，说话也尽是欢乐的话
语，但我的心就象被浸在毒汁里那么黑暗，浸得久了，或者我
的心会被淹死的，我知道这是不对，我时时在批判着自己，但
这是情感，我批判不了，我知道炎暑是并不长久的，过了炎暑
大概就可以来了秋凉。但明明是知道，明明又作不到。正在口

渴的那一刹，觉得口渴那个真理，就是世界上顶高的真理……
这几天我又恢复了夜里骇怕的毛病，并且在梦中常常生起死的
那个观念。痛苦的人生啊，服毒的人生啊……我哭，我也许不
能哭，不允许我哭，失掉了哭的自由了，我不知为什么把自己
弄成这样……上帝！什么能救了我啊！"

　　数十年后，萧军为这封信做了注释，他说："我知道这一
次痛苦，主要是我给予她的。"

　　在梅志等人的回忆文章里，都曾或多或少提及萧红眼睛受
伤的事情。

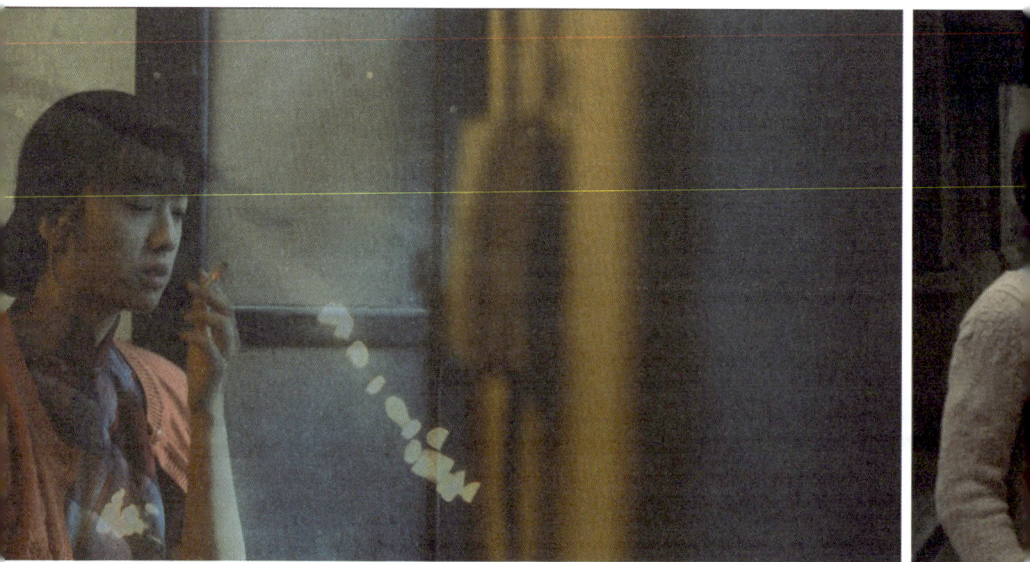

那是在一次聚会上，许广平、梅志、萧红、萧军等人俱在，萧红出现的时候，左眼带着一团乌青，她这个样子，让众人无比讶异和关切。

萧红隐藏着窘迫，淡然道："没什么，自己不好，碰到了硬东西。"尽管后来萧军解释说，那是梦到与人打架以至于造成误伤，但当时他却是慨然又生硬地说："干吗替我隐瞒，是我打的。"

"你别听他的，他不是故意打的，喝醉了我去劝他，手一挥，就把我推到一边，就打到眼睛了。"

"不要为我辩护，我喝我的酒。"

众人沉默对视，不好规劝亦不能多说，只得尴尬散去。

萧军曾经形容他与萧红的关系，就像两只刺猬在一起，因为太靠近，就会将彼此刺得发痛，但离远了，又会感到孤单。

在命运的节点上，是萧军让萧红脱离险境，看到她的文学才华，鼓励她涉足写作。两人随后勤奋笔耕，因缘际会，有幸同被鲁迅提携，一举成名天下知。一个是启蒙者和救赎者，一个是被启蒙者和被救赎者，成为爱侣之后，关系中有太多纠缠不休的复杂因素。他们是如此不同，却又如此相同，在水与火的缠绵中，享受过幸福胶着的甜蜜，也在彼此痛苦折磨。萧红命运中最重大的转折与一生最持久的伤痛，都与萧军紧密相连。

数年伴侣生活，萧军有着男人的强势与优势。汉学家葛浩文在《萧红评传》中很不客气地写道："（萧红）多年做了他（萧军）的佣人、姘妇、密友以及'出气包'。"话说得可能有点重，但也似乎不是毫无道理。

自家酿酒自家吃。真是成也萧军，败也萧军。

1937年8月，淞沪会战爆发，远东第一大都市、中国第一大商港上海陷入了战火硝烟，这是卢沟桥事变后中日双方的第一场大型会战，也是整个中日战争中规模最大、战斗最惨烈的一场战役。战争的爆发唤醒了萧红创作的意愿，她在这一个月中

勤勉写作，《失眠之夜》《天空的点缀》《小生命与战士》等作品纷纷完稿，这些作品均反映了战争期间抗争的民众以及他们的心理状态。

9月，萧红与萧军和聂绀弩、胡风等人前往武汉，继续创办抗战刊物《七月》。同年冬天，另一个重量级的人物出现在了萧红的生命中，他就是作家端木蕻良。二萧与端木在上海时通过胡风引荐便已经相识，此时萧红27岁，萧军30岁，端木25岁。

端木蕻良，与萧军、萧红同属于东北作家群体。早在1934年萧红写《生死场》的时候，端木蕻良便开始写他的成名作《科尔沁旗草原》，上海的1936年，曾经被称为端木蕻良年，那一年端木蕻良在上海文坛红得发紫。端木蕻良，也是一个典型地表现出大地深情的流亡文人，鸿篇巨制《科尔沁旗草原》，带有史诗性的结构气势画面急剧变化。作者注重方言运用，用笔举重若轻，擅长营造意象，在小说体式上有独创性。

不可否认，端木蕻良也是一个才华横溢的年轻人。

武汉条件艰苦，端木蕻良暂时与二萧住在一起。因条件有限，到达第一天，端木只能与萧红、萧军挤在一张床上，次日才想办法从邻居家借到一张床。一开始，三人相处十分融洽，情谊深厚，每天一起做饭、写作，讨论文学与艺术，分析时事与战局。端木出身富裕家庭，温文尔雅，性格内向含蓄，到武汉不久，他和萧红、萧军等人因为参加"一二·九"纪念集会，被特务盯梢至家中。面对特务的挑衅，萧军野性强悍，敢于与特务直接发生冲突，但端木因在北京有过学生运动经验，反应则含蓄隐忍得多，这是两个男人性格上巨大的差异。

不久后二萧和端木分开居住。端木和萧红有时会一起散步交谈。在文学理想与审美上，端木与萧红比较接近，与萧军则有比较多的差异和冲突。对于萧红的作品及文风，端木毫不吝惜赞美之言。他的赞美直率而热烈，这在精神上给了萧红极大的鼓励。与端木由衷的赞许相比，萧军对萧红文学成就的态度则有所保留，虽然看到了萧红的文学才华，萧军似乎并没有如端木那样"看重"其才华的价值，有时候他甚至并没有认为萧红是他非常重要的文学伙伴，并不承认萧红在文学上的成就比他高。

有一次，萧红躺在床上休息，萧军与几个朋友以为她睡着了，便议论道："她的散文有什么好呢？……她还老写诗……"

"嗯，结构也并不坚实。"

这样的态度，对萧红是有刺伤的。

萧军的态度其实并不孤立，当时的评论界普遍认为萧红的文笔接近散文，不太像真正的小说。而对于自己的文学风格，萧红有着近乎执拗的、不容他人改变的原则，她认为，有各式各样的作者，就该有各式各样的小说，而别人之所以认为她的小说不行，无非是她并没有按照他们的写法来写。

相携相伴多年，不论是生活还是文学上，一路经过无数风风雨雨。别人是别人，但萧军能是"别人"吗？为他话语背后毫无掩饰的轻蔑之意，萧红愤懑伤心，甚至有过离家出走的念头。

红尘滚滚，风起云涌，不求朝夕相对，但求莫逆于心。失去了那颗相知相惜的心，萧红与萧军，在文学思想与价值取向上，彼此已渐行渐远，萧红敏感自尊的心，透着说不出的失望与孤寒。

〔4〕

从不同的人生镜像折射出的人，是具有多面性与差异性的。在萧军这个镜像中折射出的萧红，与从端木这个镜像里折射出来的萧红完全不同，甚至截然相反。

人世苍茫，近在咫尺也可以渐渐形同陌路，游丝一般的机缘，既可以阻断一份情感，亦可以成全另一份。在二萧感情日渐冷淡的时刻，萧红与端木在情感上似乎越走越近了。端木蕻良在晚年曾回忆说："有时候萧红会给我念出这样的诗：君知妾有夫，赠我双明珠。感君明珠双泪垂，恨不相逢未嫁时。"

说实话，萧红生前对自己与端木的感情未置一词，从聂绀弩的回忆文章里看，当时她的内心似乎矛盾重重。

1938年1月，二萧与端木、聂绀弩等人离开武汉，前往山西民族革命大学。2月，晋南战局有变，日军开始进攻临汾。萧军决意留下来打游击，后来又去了延安。萧红与端木等人则到达西安。在西安，萧红暂时摆脱了和萧军痛苦的情感纠葛，与端木有了对彼此进一步了解的空间，这一切被好友聂绀弩看在了眼中。从聂绀弩之后的回忆也能看到，萧红心中有无数郁结和感慨极需要向人倾诉。

那是一个月夜，曾激发萧红得出"黄金时代"结论的白月，更染上了一层朦胧伤感。行走在西安的正北路，萧红与聂绀弩有过一次推心置腹的长谈，她穿着酱色旧棉袄，外披黑色外套，夜风吹动帽外的长发，脸白得跟月色一样。

"飞吧，萧红！"聂绀弩热情地说，"飞吧，萧红！你要像一只大鹏金翅鸟，飞得高，飞得远，在天空翱翔，自在，谁也捉不住你。你不是人间笼子里的食客，而且，你已经飞过了。"

萧红淡淡一笑，轻声说："你知道吗？我是个女性。女性的天空是低的，羽翼是稀薄的，而身边的累赘又是笨重的！而且多么讨厌呵，女性有着过多的自我牺牲精神。这不是勇敢，倒是怯懦，是在长期的无助的牺牲状态中养成的自甘牺牲的惰性。我知道，可是我还免不了想：我算什么呢？屈辱算什么呢？灾难算什么呢？甚至死算什么呢？我不明白，我究竟是一个人还是两个；是这样想的是我呢，还是那样想的是？不错，我要飞，但同时觉得……我会掉下来。"

她随意举起手上拿着的一根小木棍："好玩吗？今天，D.M.（端木）要我送给他，我答应明天再讲。明天，我打算放在箱子里，却对他说是送给你了，如果他问起，你就承认有这回事行么？①"

119

关于小木棍的故事，端木晚年的说法是，他和聂绀弩都想要萧红的一副马鞭，萧红把马鞭藏起来让大家寻找，事后却悄悄告诉了端木藏宝的位置，最后自然是端木得到了这件礼物。

在聂绀弩等好友的心中，萧红是个珍贵的人，是值得珍惜的。他安慰她，鼓励她："萧红，你是《生死场》的作者，是《商市街》的作者，你要想到自己文学上的地位，你要向上飞，飞得越高越远越好……"他亦无比清晰地记得，那晚长谈

---

① 聂绀弩《在西安》。

之后，次日临别，在人丛中他向萧红做了一个飞的姿势，又用手指了指天空。萧红会心地点头，回应了他一个微笑。但她之后的选择，未必在聂绀弩等朋友的期望之中了。

1938年初夏，萧红与萧军终于彻底分道扬镳，此时萧红正怀着萧军的孩子。与萧军分手而选择端木蕻良，让萧红受到了几乎所有朋友的非议。胡风夫妇冲在前面，因为他们同时也是萧军的好友，对端木有着极深的成见。

胡风不无痛心地道："作为女人，在精神上受到了屈辱，你有权这么做，这也是你坚强的表现，我们做朋友的也为你能

摆脱精神上的痛苦感到高兴，但何必这么急呢？冷静一下不好吗？"语气中不赞成之意显而易见。从所属文学阵营来看，在清华大学求学过、散漫洋派的端木蕻良几乎完全不被左翼作家群体接受。

萧红与端木成了一对，让当时的人们有了无限揣测。有人觉得是端木在利用萧红的名气与才华，亦有人猜想，或许是萧红在利用端木排遣忧郁与寂寞。但真实的情况究竟是什么样的，只有当事人自己才最清楚。不过，由于与萧红结合，端木背负了多年的骂名却是事实。

萧红研究会副会长章海宁分析，很多人之所以不能接受端木蕻良作为一个第三者跟萧红在一起，是认为萧红是一个很重要的作家，怎么跟端木蕻良那样一个作家在一起？端木蕻良实际在那个时候就被人误读，一直到现在都是这样。他并不是一个第三者，实际上，早在他和萧红结合之前，二萧已经产生了非常严重的情感对立，甚至已经到了分手的边缘，就差最后情感的一击，而恰恰在这个时候端木蕻良出现了。

命也？运也？幸乎？不幸乎？

让人们对端木产生议论和误解的主要有两件事，其中之一，便是端木与萧红在武汉成婚后，为了躲避日军轰炸，端木留下怀孕的萧红一个人去了重庆。这件事让端木受到很多指责。

晚年端木的说法是："我们只买到一张船票，萧红坚决让我先走，我觉得恭敬不如从命。"也有后人回忆过，当时是船票紧张，只买到了一张票，萧红怀着孕不方便，端木只能先去重庆，才可以先找房子以便两人之后安顿下来。

在电影《黄金时代》中，端木对萧红说着他们的初次见面。

"其实我第一次见到你，是在三六年的夏天。"

萧红说："那是在哪儿啊？我怎么一点印象也没有。"

"那个时候我们不认识。"

那个时候，谁能料到将来呢？

晚年的端木蕻良曾对朋友回忆起他在上海第一次见到萧红

的情景："我在公园草地上，看见萧红和萧军他们一群人缓缓走向远处，林中的风吹动萧红的衣衫，萧红是那样瘦，怎么看，也给人以不永寿的单薄……"

这次初遇的情景端木是否告诉过萧红，并没有人知道。

近半个世纪以后，端木到萧红墓前祭扫，写下了一首词：

生死相隔不相忘，落月满屋梁，梅边柳畔，呼兰河也是潇湘，洗去千年旧点，墨镂斑竹新篁。

惜烛不与魅争光，篋剑自生芒，风霜历尽情无限，山和水同一弦章。天涯海角非远，银河夜夜相望。

人情如风，世事难说，伊人已去。

那些和她有关的往事与记忆，早已远过了万水千山，星星点点，静静流淌在寂寞无言的星河。

第四章

逐风

〔1〕

　　列车一过秦岭，绿荫便消失了，铅云密布，壮阔的天地之间是萧索的黄，寒意扑窗而来，棉衣冻得像铁一样坚硬。夜里，天寂寥悠远，星辰四散。如果有月，月色是会很亮的，但别太高兴，月光不一会儿就会暗下去，是大风将棉絮似的云朵吹过来了。地上的风沙也在飞卷，雪零星地下着，飘落在已没有了翻滚声的干涸的河床与漫漫黄土上。

　　来到这样的地方，望天地之悠悠，会分外觉得个人命运的渺小。

　　山西的冬天，是有别于上海和武汉的另一番景象，它的地貌坚韧雄浑，在刚健中透着包容与贯通，似有着开阖万物的大力。时间退回到1938年1月，二萧正式决裂之前，萧红一行人经过这里，看到了春旱中干枯的黄河，看到山脉平原在沧桑中透出一种美却悲凉的气势，这群久居南方的作家们，强烈地感受到了北方大地对春天的渴望。与萧红等人同行的还有诗人艾青，在听到端木蕻良感慨"北方是悲哀的"之后，艾青文思涌上，提笔写下诗句《北方》：

　　一天，
　　那个科尔沁草原上的诗人
　　对我说：
　　"北方是悲哀的。"

　　不错，
　　北方是悲哀的。
　　从塞外吹来的
　　沙漠风，
　　已卷去北方的生命的绿色

与时日的光辉

——一片暗淡的灰黄

蒙上一层揭不开的沙雾；

那天边疾奔而至的呼啸

带来了恐怖，

疯狂地

扫荡过大地；

荒漠的原野

冻结在十二月的寒风里，

村庄呀，山坡呀，河岸呀，

颓垣与荒冢呀，

都披上了土色的忧郁

……

铁轨摩擦的声音，在冬天听起来让人觉得寒冷和寂寞。这不过又是一次短暂的漂泊，萧红凝视着车窗外的天地玄黄，那是喧哗消歇之后繁华尽逝的怅惘。此时的她，已无少年时激流勇进的意气与冲劲，面容与眼神清灵依旧，却增添了几分沉淀与沧桑。

1938年2月，萧红一行人到达临汾，入驻民族革命大学。不久，丁玲率西北战地服务团从潼关也来到这里开展抗日宣传活动。两位传奇女作家终于得以相会。对于她们来说，彼此闻

名已久，这一次相见意义非凡。多年以后，丁玲回忆起这次相遇，依然记忆犹新：

萧红和我认识的时候，是在一九三八年春初。那时山西还很冷，很久生活在军旅之中，习惯于粗犷的我，骤睹着她的苍白的脸，紧紧闭着的嘴唇，敏捷的动作和神经质的笑声，使我觉得很特别，而唤起许多回忆，但她的说话是很自然而真率的。

我很奇怪作为一个作家的她，为什么会那样少于世故，大概女人都容易保有纯洁和幻想，或者也就同时显得有些稚嫩和软弱的缘故吧。

萧红在她短暂生命的最后时刻，也对病床边的骆宾基追述：丁玲有些英雄的气魄，然而她那笑，那明朗的眼睛，仍然是属于女性的柔和。

丁玲，"五四革命后第二代善写女性并始终持有女性立场的作家，以第一个革命女作家的姿态打破了冰心、庐隐创作的停滞和沉寂。"同时，她也是冲破旧家庭牢笼，在五四精神感召下得以觉醒进而接近社会革命的新时代女性。1928年，24岁的丁玲完成了中篇小说《莎菲女士的日记》，在妙龄之年，以让人惊艳的文才蜚声文坛。"莎菲的苦闷，是五四时期获得个性解放的急进青年，在革命低潮中陷入彷徨无主的真实写照，其中包含着深刻的历史批判性，也对当时青年的时代苦闷起到聚光一照，发人深省的作用。"[1]同自己笔下的莎菲一样，年轻的丁玲是五四浪潮中叛逆女性的代表。

与萧红一遇已是多年之后，那一年，丁玲34岁，萧红27岁。此时的丁玲早已脱掉红装，换上军装，投身到轰轰烈烈的革命浪潮之中。在延安，毛泽东曾为丁玲赋诗："壁上红旗飘落照，西风漫卷孤城；保安人物一时新，洞中开宴会，招待出牢人。纤笔一支谁与似？三千毛瑟精兵。阵图开向陇山东，昨日文小姐，今日武将军。"

丁玲是个非凡杰出的女子，她充满激情又不乏理智，个性坚强又不失浪漫。和萧红一样，她有着极强的女性主义意识，但她与萧红又是截然不同的两种人。这个豁达健朗的女子，不论在何种遭际之下，都能眼含热烈的光明，保持飞扬的姿态，因洞悉世情，心灵是通透而不惶然的，或许会因挫折有一时的忧郁，但她无惧未来，无惧风雨：

本来就没有什么地方可去，一下雨便更觉得闷在窑洞里的日子太长。要是有更大的风雨也好，要是有更汹涌的河水也好，可是仿佛要来一阵骇人的风雨似的那么一块肮脏的云成天盖在头上，水声也是那么不断地哗啦哗啦在耳旁响，微微地下着一点看不见的细雨，打湿了地面，那轻柔的柳絮和蒲公英都飘舞不起而沾在泥土上了。这会使人有遐想，想到随风而倒的

---

① 钱理群、温儒敏等著《中国现代文学三十年》。

桃李，在风雨中更迅速迸出的苞芽。即使是很小的风雨或浪潮，都更能显出百物的凋谢和生长，丑陋或美丽。

世界上什么是最可怕的呢，决不是艰难险阻，决不是洪水猛兽，也决不是荒凉寂寞。而难于忍耐的却是阴沉和絮聒；人的伟大也不是能乘风而起，青云直上，也不只是能抵抗横逆之来，而是能在阴霾的气压下，打开局面，指示光明。[①]

文坛上的两位天才女作家有一张珍贵的合影：萧红一袭黑裙，白色围巾，带着温润的笑意席地而坐，有一种静美的矜持。丁玲浓眉大眼，身材微胖，皮肤粗糙，戴军帽披大衣，浪漫柔和的女性气质消失殆尽，豪爽不让须眉，任谁都无法想到这就是当年写莎菲女士的那个敏感多愁的女郎。

丁玲比萧红年长七岁，在她身上发生的一切变化均来源于她比萧红复杂得多的人生经历。初遇之时，丁玲看到萧红，就如同看到写"莎菲女士"时那个孤独、挣扎、彷徨又极度反叛的自己。那个时候的她，文学或许是唯一或是最重要的一种追求，但现在已然不是了，血脉中的文思注定了她要成为一个作家，可灵魂里却滚动着一个战士的激情。萧红见到的丁玲，是一个已经浴火重生的丁玲。

同能独立思考女性的生活遭遇，同有一支善描女性的妙笔，同样易感而多情，两位同时代的伟大女作家，却选择了截

① 丁玲《风雨中忆萧红》。

然不同的人生道路。尽管如此，国家的命运尚且处在不断的动荡之中，颠沛流离的小人物，无论做何种选择，谁又有资格去评说其得失成败？丁玲与萧红，她们的人生经历与她们的作品一样精彩，一样充满波折，不论是放弃还是坚守文学创作，她们都在为自己的人生书写一本大书。

虽然人生观与价值观俱不相同，但这并不妨碍丁玲与萧红在文学理想上发出共同的声音。在临汾，她们有过许多次倾心长谈。丁玲回忆："我们都很亲切，彼此并不感觉到有什么孤僻的性格。我们尽情地在一块儿唱歌，每夜谈到很晚才睡觉。当然我们之中在思想上，在感情上，在性格上都不是没有差异，然而彼此都能理解，并不会因为不同意见或不同嗜好而争吵，而揶揄。"[1] 出于爱护之心，丁玲还将自己的大衣和皮靴送给了萧红。

在时代巨变中，民族的忧患促使丁玲带着真诚与热情奔赴延安，在体验与感悟中国社会的急剧变革的同时，书写大时代的风云变迁，并改变了自身的命运轨迹。但文学对萧红来讲是一种充满能量的治愈，是她能忘我翱翔的天空，她始终认为一个作家首先要有自由的思想独立的精神，她将一生纯粹而完全地献给了文学，选择从另一个侧面去书写大变革下人民的生活与奋争。

---

[1] 丁玲《风雨中忆萧红》。

是的，一切都是自由的。她可以自由地做这样的选择。

在临汾的日子，萧红与朋友们担任着学校的文艺指导，和学生畅谈时局与文学创作，同时完成了长篇散文《记鹿地夫妇》。

"东临雷霍，西控河汾，南通秦蜀，北达幽并。"临汾自古以来就是兵家必争之地，1937年11月8日，太原失守后，这里成了北方最重要的抗日中心之一。

民族革命大学是军阀阎锡山创办的。当时由于阎系溃不成军，地方行政干部远走大后方，阎锡山急需充实抗日的有生力量，因此接受了中国共产党和进步人士的倡议，成立了民族革命大学。这所大学设军事系、政治系和民运系，因由进步力量任主力，全校政治空气非常浓厚，具有统一战线的性质，吸引了无数杰出人士如沈钧儒、李公朴、潘汉年等等，一时间名流荟萃，热闹非凡，全国18省的学生更是慕名而来，既有平、津、宁、沪、东北流亡青年，也有归国华侨约5000人。

萧红、萧军、丁玲到达临汾之后不久，贺绿汀、塞克等人与"上海文化界抗日救亡演剧一队"也来了这里，与西北战地服务团汇合。在民族革命大学，自由的气氛空前热烈，大家聚集在一起谈创作也谈理想，虽然生活简陋艰苦，时局也随时有变，但这里依旧是他们短暂的乌托邦。

萧红有了更多的空间与时间去思考文学创作，聂绀弩在《回忆我和萧红的一次谈话》中记叙，萧红对于人生定位、自己作品的文学价值与处境，有着非常清晰的认识。

聂绀弩说："萧红，你是才女，如果去应武则天的考试，究竟能考多高，很难说，总之，当在唐闺臣前后，绝不会和毕全贞靠近的。"

萧红笑而应道："你完全错了。我是《红楼梦》里的人，不是《镜花缘》里的人。我是《红楼梦》里的痴丫头。"

对这份"痴"，萧红是这样理解的："你说我是才女，也有人说我是天才的，似乎要我相信我是天才之类……中国的所谓天才，是说天生有些聪明、才气。俗话谓之天分、天资、天禀，不问将来成就如何。我不是说我毫无天禀，但以为我对什么不学而能，写文章提笔就挥，那却大错。我是像《红楼梦》里的香菱学诗，在梦里也作诗一样，也是在梦里写文章来的……"

说到《生死场》，她沉吟片刻，提到了她的导师鲁迅，并将鲁迅与自己稍作了一个比较：

鲁迅以一个自觉的知识分子，从高处去悲悯他的人物。他的人物，有的也曾经是自觉的知识分子，但处境却压迫着他，使他变成听天由命，不知怎么好，也无论怎样都好的人了。这就比别的人更可悲。我开始也悲悯我的人物，他们都是自然的奴隶，一切主子的奴隶，但写来写去，我的感觉变了。我觉得我不配悲悯他们，恐怕他们倒应该悲悯我呢。悲悯只能从上到下，不能从下到上，也不能施之于同辈之间。我的人物比我高……①

流离乱世，对于渴望安下心来好好写作的人是不利的，战争总是阴魂不散，能静下心来的日子，越来越少了。

〔2〕

青春，如此自由，如此张扬，它盛大而绚丽地绽放着。

动荡的年月里，有一群年轻人怀着各自美好的愿景，拼尽全力去追求理想、实现理想，像自由自在的追风者，沐浴着星光，踩着铺满一路的灯火，在呼啸的劲风中奔向前方。在这个过程中，有的人告别了自己原有的生活轨迹，有的人放弃了爱情，有的人也付出了生命。一个时代的浪漫与残酷，宛如镜的两面，一面是阳光灿烂碧海晴空，一面波涛汹涌风云狂飙。这一群追逐着风暴的人，张开翅膀，各自选择了属于自己的方向，各自承担这份选择背后的代价。

安宁是短暂的。20天后，山西时局动荡，日军兵分两路攻向临汾，民族革命大学的人员开始四散，准备撤往晋西南的乡

① 聂绀弩《回忆我和萧红的一次谈话》。

宁一代，丁玲的西北战地服务团奉命向西安靠拢。正是在那里，在去和留的问题上，萧红与萧军产生了相处多年以来最严重的分歧。

风鼓荡着院落的旗帜，簌簌作响。眺望天空，浓重的云层上端，光线一层一层堆叠着，瞬息万变，似映射着一个人青春的悸动、理想的荣耀以及沉淀后的不安与寂寞。又要下雪了，白色冰晶从天上无声又浩瀚地飘落，像极了爱情逝去时的挽歌，缥缈，绝望，猝不及防。

还要继续颠沛流离吗？还要再过那种朝不保夕、漂泊无依的生活吗？萧红已经想止步了，那种不确定感与不安全感让她时刻都在忧心恐惧。她需要安定地创作，平静地生活，这不光是出于她作为一个作家，也是身为一个女人合乎情理无可厚非的想法。她渴望有一个温暖的归宿，渴望一个港湾，希望爱情

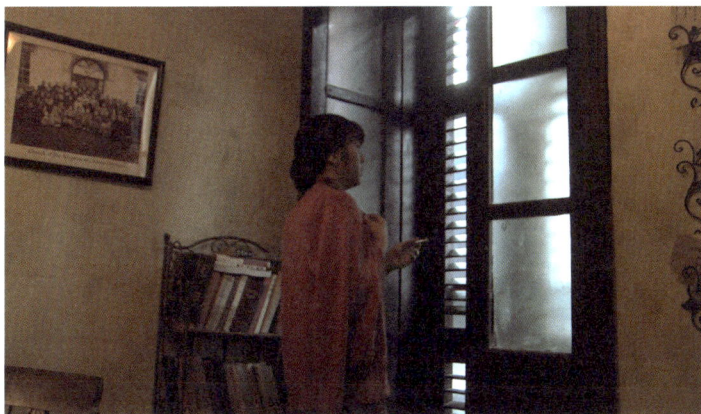

能长久，可她就像一个不断探手去抓住风的人，伸得越远越是虚空，握得越紧越是徒然。她手中依旧一无所有。

萧军何尝不也是一个捕风的人，只是与萧红的方向南辕北辙。他渴望的是战斗，安逸平静非他所愿也非他所喜，他时刻都有充足的荷尔蒙与好奇心去面对外面变化多端的世界。

在《从临汾到延安》一文中，萧军回忆了他和萧红争执的细节。

萧红质问："你去打游击吗？那不会比一个真正的游击队员价值更大一些，万一牺牲了，以你的年龄，你的生活经验，文学上的才能……这损失，并不仅是你自己的呢。我也不仅是为了'爱人'的关系才这样劝阻你……这是想到了我们的文学事业。"

萧军回答："人总是一样的……谁是应该等待着发展他们的'天才'，谁又该去死呢？"

"三郎，我知道我的生命不会太久了……"萧红恳切地央求，"我不愿生活上再使自己吃苦，再忍受各种折磨了……"

可惜萧军听不进去了。他执拗地想要离开，不论是去打游击也好，还是去做别的什么事情也好。这样的想法其实早已有之，之前也许是旧情难断，也许是顾念萧红体弱多病，一直没有下最后的决心，但这一次争吵时，他终于还是说："我看我们还是各走各的路吧。到时候我们再见，如果还愿意在一起就在一起，如果不愿意，那我们就永远地分开吧。"

如果真的分手，这将是多么强硬、多么神圣、多么有余地又多么讽刺的理由。

萧红伤透了心，失望到了极点，只回答了一句："好的。"再无多言。

人是矛盾又无助的。很想掌控好人生，为生活中既定的目标奋斗，但未来永远会超过预期。生活涉及的背景宛如棋盘一般复杂，但个人命运在其中却像抽奖一般充满了随机性。时代、经济、政治、家庭、性格……各种因素庞杂烦琐盘根错节，使得人在人生的旅途上会不断地与反复出现的遗憾、缺陷以及弊端对抗、质问，不得已由其推动，要么达成和解，要么继续反抗，但最终还是会背负属于自己的沉重包袱，独自上路。

在苦难生活中并肩走了多年的伴侣，此时并头躺在炕上，沉默地看着天花板，时光的更漏一声长一声短，敲击着疲惫的心。这段感情如观远山大火，只能眼睁睁看着爱情的森林被大风连根拔起，被烈焰焚烧殆尽，只因身已远，心有余而力不足，谁也不愿再去挽回，谁也不愿再向前踱出一步。

一个句号就这样慢慢地画好了。选择离去还是选择停留，最终都变成理性的回归，而非感性的迂回。

萧红在日后向老友聂绀弩倾诉道："我爱萧军，今天还爱，他是个优秀的小说家，在思想上是个同志，又一同在患难中挣扎过来的！可是做他的妻子却太痛苦了！我不知道你们男子为什么那么大的脾气，为什么要拿自己的妻子做出气包，为什么要对自己的妻子不忠实！忍受屈辱，已经太久了……"

聂绀弩回想，当时在临汾分手的时候，他并不知道二萧之间谈过一些什么话，看起来两人在表面上都只将这一次当作一种暂别，萧军的兴趣不高，所以就让他留下了，结果却不是这样。分别那晚，萧军去送他、萧红、丁玲、塞克等人，到车站快开车的时候，萧军和聂绀弩在月台上走了好一会儿。

"时局紧张得很，"他说，"临汾是守不住的，你们这回一去，大概不会回来了……这学校（民大）太乱七八糟了，值不得留恋。"

"那么你呢？"

"我不要紧，我的身体比你们好，苦也吃得，仗也打得。我要到五台去。但是不要告诉萧红。"

"那么萧红呢？"

"哦，萧红和你最好，你要照顾她，她在处世方面，简直什么也不懂，很容易吃亏上当的。"

"以后你们……"

"她单纯、淳厚、倔强、有才能，我爱她。但她不是妻子，尤其不是我的！"

"怎么，你们要……"

　　"别大惊小怪！我说过，我爱她，就是说我可以迁就。不过还是痛苦的，她也会痛苦，但是如果她不先说和我分手，我们还永远是夫妻，我绝不先抛弃她！"①

　　听到这句话，聂绀弩为之怅然了许久。身为朋友，他无比希望萧红与萧军生活美满，有个幸福的结局。起初他还以为只有萧军早有离意，在听见萧红诉说她的屈辱之后，才知道她也跟萧军一样：临汾之别，大概彼此都明白是永久的了。

　　明日隔山岳，世事两茫茫。

　　这是二萧真正的诀别。性格的差异和价值观的殊途，让两人长期以来备受煎熬。也许从他们相遇的那一刻起，分离便是一场躲不过的宿命。

　　萧军只身留在民大，萧红则随丁玲前往西安，同行的还有

_____

① 聂绀弩《在西安》。

聂绀弩、塞克及大部分民大教员，包括端木蕻良。

一个作家，其作品被人喜爱与尊重，也许是对他最大的鼓励与赞美，而萧军对萧红却非常吝惜赞美之言。至于情感的安慰、生活中的确定感，在两人相处的后期，萧红在萧军身上也几乎没有得到过多少。端木则对萧红的文学天赋给予了极大的赞扬。日本作家鹿地亘说过："萧红和曹白都是先天的文学家！"端木评论说："这是对的，他们走向艺术的出发是从内心里迫近的，并不是从知识出发的。"在写作路线上，端木蕻良与萧红也大致相近，他们俩都不会写一些非常政治化的文章，对政治保持着克制与疏离。

比较起来，端木蕻良与萧军有着截然相反的性格。与萧军出身贫民不同，端木蕻良的家庭十分富有，他清淡儒雅，他所具备的良好的教养在萧军身上是见不到的。在萧红朋友们的眼中，端木是个与他们格格不入的异类。

张梅林是这么描述他的：长长的鬓发，有点驼背，有着嘶哑声带，穿着流行的一字肩的西服，他从瘦细的手上除下鸡皮手套……

即便是丁玲，也曾在多年后坦承："端木蕻良和我们是说不到一起的……我们那儿的政治气氛是很浓厚的，而端木蕻良一个人孤僻、冷漠，特别是对政治冷冰冰的……看那副穿着打扮，端木蕻良就和我们不是一路人。"

端木的举止形容更是大受萧军鄙薄，他以无比轻蔑的语气形容道："他说话总是像一只鸭子似的带点贫薄味地响彻着，这声音与凹根的小鼻子，抽束起来的口袋似的薄嘴唇，青青的脸色……完全很调配的。"

可见他对端木的厌恶已到极点，当然这是有原因的。但更让萧军愤怒的，也许是在涉及日常生活的细节与表现上，萧红更愿意接受端木蕻良，而并不太接受他所表现出的那种粗犷、简单与鲁莽。

古城西安，高大的梧桐探出枝梢伸向云端，鸽群带着哨音飞过薄暮的城阙。端木蕻良醉心书法，他最爱去的地方是碑林，萧红有时候也会陪他去。端木兴奋地欣赏着古人的遗墨，给萧红热情讲解，斜阳投下柔和的阴影，两个人在那一刻的心应该是宁静快乐的。人与人之间，内心的触动和一些会心的交流，其实无须用言语来表达，在某一个瞬间会自然而然地发生。端木的细腻温和毕竟与萧军不同，只是不知在午夜梦回时，萧红是否会忆起多年前雨落如深潭、蝉声似急雨的盛夏，命悬一线的她，独坐昏暗的窗前，依依盼望着那个热情的诗人，那个她想爱又不敢爱的男子，他的眼神那般明亮，他曾为了她排除万难涉水而来。

蒹葭苍苍，白露为霜。天长地久的誓言，终如一首唱罢的春曲，只余忧伤的余音缭绕在记忆之中。

也许有人会遗憾，以萧红耀人眼目的才华，当有一个足够能匹配她的人生伴侣才算完美，可平心而论，浪漫的激情总会被残酷的现实折堕在地，才华如果没有落到一个踏实的生活中去，没有得到呵护与珍惜，也注定会凋零衰颓。端木的情，或许不同于普通定义上热烈如火的爱情，但也不必全盘否定其中的真与诚，更不必否定萧红对这份真诚的现实需要。

在西安，萧红与聂绀弩、塞克等人共同创作了反应抗战的三幕剧《突击》，《突击》上演后，场场爆满，轰动了西安城。在这段日子里，萧红给胡风写了一封信，询问《突击》的稿费事宜，并透露了一个非常重要的信息：

"我一直没有写稿，同时也没有写信给你。这一遭的北方的出行，在别人都是好的，在我就坏了。前些天萧军没有消息的时候，又加上我大概是有了孩子。那时候端木说：不愿意丢掉的那一点丢掉了，不愿意多的那一点，现在多了……"

整个西北抗战情绪高涨，延安成了众多进步文人心中的圣地。此时，面对近在咫尺的延安，萧红选择了止步不前。

〔3〕

那时候我很希望她能来延安，平静地住一时期之后而致全力于著作。抗战开始后，短时期的劳累奔波似乎使她感到不知在什么地方能安排生活。她或许比我适于幽美平静。延安虽不够作为一个写作的百年长计之处，然在抗战中，的确可以使一个人少顾虑于日常琐碎，而策划于较远大的。并且这里有一种朝气，或者会使她能更健康些。但萧红却南去了。至今我还很后悔那时我对于她生活方式所参预的意见是太少了，这或许由于我们相交太浅，和我的生活方式离她太远的缘故，但徒劳的热情虽然常常于事无补，然在个人仍可得到一种心安。

这是丁玲在《风雨中忆萧红》里充满遗憾的感慨，她非常希望萧红能和她一起去延安，但可惜，萧红是个心里打定主意便绝不动摇的人，因而丁玲也只能感叹自己于事无补的"徒劳的热情"了。

萧红并没有一个非常坚决、非此即彼的政治立场，即便她始终站在同情弱者的那一端，她也只想做一个无党派人士，对于政治她不擅长也不了解。是命运也是性格所向，她的选择既在意料之外也在情理之中。

最终，萧红与端木蕻良留在了西安，而聂绀弩则随丁玲去了延安。不久，聂、丁二人回来，身边却多了一个人——萧军，萧在去五台山的中途折返延安，和聂、丁二人碰到，然后一起回到西安。

记忆会保存一些东西，又会遗漏一些东西。对于二萧与端

145

木的这一段插曲，不同人的叙说与回忆有着很大的差别，甚至会截然相反。这种不一致与思想个性的不同有关，与对事情的体验不同有关，也与记忆自身的消减或增添有关。正如苏联作家爱伦堡所说："人们，特别是作家们，在他们合乎逻辑地、详尽地叙述自己生平的时候，经常用臆度揣测来填补空白，使人难以辨别他的真实回忆在哪儿结束，虚构的小说又是从哪里开始。"

心中的你已不见，再见的也已不再是你。萧红、端木与萧军，三人此时重遇，彼此的关系已发生了巨大的转变。后人主要通过聂绀弩、萧军、端木蕻良等当事人的回忆来分析了解当时的情况。从诸人回忆透露出的细节，可以看到三人重遇时那濒临到临界点的紧张。痛也好，爱也好，恨也好，屈辱也好，失望也好，所有复杂的情绪，全在这个时候迸发出来。

据聂绀弩回忆，他们一进到入驻的院子里，就听见丁玲的团员在喊："主任回来了！"萧红和端木一同从丁玲的房里出来，看见萧军，两人都愣了一下。端木走过去和萧军拥抱，但神色一望而知含着畏惧和惭愧，是那种"啊，这一下可糟了！"的意思。聂绀弩则走进他的房间，端木连忙跟着过去，拿起刷子给他刷衣服上的尘土，并低头说："辛苦了！"但让聂绀弩放在心上的是端木的这句话："如果闹什么事，你要帮帮忙！"这让聂绀弩顿时恍然：坏事了，他的朋友萧红——他心目中那只大鹏金翅鸟，被她的自我牺牲精神所累，从天空一个筋斗栽到"奴隶的死所"上了！

认定了萧红与端木之间的关系，聂绀弩深深扼腕。

端木蕻良回忆的是：当时萧军大踏步走进屋，和萧红因为这件事发生争吵，甚至要和端木打架，萧红连拖带拽地将萧军拉了出去。端木委屈又气愤，觉得自己和萧红当时虽性情相投，但远没有到恋爱的地步，萧军如此过激的反应，是对他与萧红独立人格的侮辱。次日晚，萧红与萧军再次发生激烈争吵，一直处于观望状态的端木蕻良在那个时候下了决心，他应当和萧红结婚，必须结婚，否则萧红将被置于何地？此后，端木才与萧红最终确定恋爱关系。

而根据萧军的回忆，当时的情景却是这样的：他风尘仆仆，正洗着满脸的尘灰，萧红走过来，微笑着说："三郎，我们永远分开吧。"萧军一面擦着脸，一面很平静地回应："好。"干脆利落，平凡而了当，没有任何废话与纠纷就确定了下来。

古今兴废有若反掌，青山绿水则固无恙，千载得失是非，尽付之渔樵一话而已。历史是任人评说的一个过程，即使身在那个时代，那个时代到底是什么样子，每个人的感受也不尽相同，更何况渺小如微尘的个人命运。电影《黄金时代》的编剧李樯对萧红、端木与萧军三人在西安的重遇写了两个不同的版

人世如大山大海，
风波不定，
命数终难解。

本，放置于影片之中，让观众自己去评判。

电影中，汤唯饰演的萧红对冯绍峰饰演的萧军说出了那句诀别的话："三郎，我们永远分开吧！"

随后汤唯离去，冯绍峰静静站立，片刻后，神情淡漠地将一盆水从头浇在了自己身上。冰天雪地，水泼在头上马上就会结冰，拍摄现场所有人都惊了，但他们又深深觉得，这感觉是对的，就应该这样，这就是萧军！萧军心中也有痛，有愤怒，他敢爱敢恨敢放手，他无所顾忌。冯绍峰之后说道："那种感觉太刺激了，太痛苦了，太享受了，我觉得我当时的情绪就到了那儿了，我就要做。"

一切都是自由的！可自由是什么？自由是从说"不"开始的，即便代价惨痛无比。

不管过程多么千差万别，结果却是一样的：至此，萧红与萧军彻底分别，终生未再相见。

当年萧军将萧红从崩溃的世界拯救过来时，她正怀着别人的孩子，此刻她终于怀上了萧军的孩子，两人却永远地分开了。

人世如大山大海，风波不定，命数终难解。当年的"二萧"已成不可逆转的过去。身怀六甲的萧红与端木在武汉成婚，之后辗转来到重庆。孩子生下后，很快便夭亡。萧军日后去了兰州，邂逅了18岁的少女王德芬，对其展开热烈追求。两年之后他来到延安，又遇到了丁玲，也是在那里，萧军受到了丁玲猛烈的批判，身为女人，丁玲对萧红是有着极大的怜意与同情的。

四年之后萧红逝世，身处延安斗争旋涡中的丁玲，写下了纪念文章《风雨中忆萧红》，这是无奈与惋惜，也是在叙述一个珍贵的曾经，是追忆天涯故人，缅怀一个和她相似又截然不同的女子。但遗憾的是，除了对骆宾基说过和丁玲有关的只言片语，萧红并没有留下任何回忆丁玲的文字。

从端木蕻良的主观视角来看，翻阅他写的回忆与传记，人们看到他对萧红满满的爱意和满满的遗憾。而从萧红那里，看

到更多的是对萧军的留恋与不舍。

　　每一个人都是一个独立的灵魂，应当靠自己去走完该走的人生旅程。不论是追求自由还是追求爱情，有时候这就是一个顾此失彼的过程，在拥有的同时也会失去，心心念念、亦步亦趋地努力得到了想要的，那些原本不太重要的东西又浮上来，成为萦绕于心的遗憾。执念，是这样一种反反复复摧人肝肠的轮回。

　　萧军是萧红生命里最重要的一个男人，他陪伴萧红度过短暂一生中最光辉灿烂的一段时光。萧红直到走到生命的尽头，依旧说：如果是萧军在的话，他也一定会来救我的。

老年萧军在回忆萧红的文章中，对她临终前的盼望做出了回应："即使我得知了，我又有什么办法呢？那时她在香港，我却在延安……"

回望过往，萧军写下了这样的诗句：

文章憎命鬼欺人，一别何期剧委尘！

地北天南哀两地，已无只手再援君。

让我们将时间再次拉回到1938年冬天的临汾，二萧在火车站分别。六年的光阴转眼走到尽头，二人隔窗相望，充满了离情和不舍。哪怕过了几十年，萧军都依然清晰记得萧红含着泪倚在车窗前，接过他递过去的两个梨，悲切地说："我不要去运城了啊！我要同你进城去……死活在一起罢！在一起罢……若不，你也就一同走……留你一个人在这里我不放心，我懂得你的脾气。"

列车鸣笛，发出开车的讯号，站台上响起了送别的歌，视线在彼此的眼中渐渐模糊，萧红缓缓垂首，握在一起的两只手分开了。

远去的列车似乎预示着萧红生命中最后四年的波折，她那条充满了追寻的人生路，注定风雨飘摇。

说什么爱情！

说什么受难者共同走尽患难的历程！

都成了昨夜的梦，

昨夜的明灯。

别来沧海事，语罢暮天钟。疾风过处，雪花纷纷扬扬落下，拂了一身还满！

第五章

她与她的黄金时代

从异乡又奔向异乡

这愿望多么渺茫

而况且送着我的是海上的波浪

迎接着我的是乡村的风霜

——萧红

〔1〕

　　1938年2月，萧红与萧军分道扬镳，彼时她已怀有萧军的骨肉。同年5月下旬，萧红与端木蕻良在武汉成婚，但是这段婚姻并不被她身边的朋友们看好与祝福。

　　当时，萧红远比端木蕻良有名气，端木选择这样一个年长于自己、有才华的女作家，其动机中或许包含了爱慕、倾慕、羡慕以及仰慕等诸多复杂的心理，在旁人看来，便不再是单纯的爱情了。胡风的妻子梅志曾说过，对于萧红和端木蕻良在一起，不能有任何表示，也并不感到突然，连对他们说句祝贺的话都无法说出口。"这个第三者的闯入，使他们本来有裂痕的共同生活，彻底破裂了，这只能是萧红精神上的一种对抗，现在这能是真正的爱情吗？也许仅是想转换一下生活对象罢了，做得似乎是太冒险了，我为萧红担心！"①

　　端木自己亦饱受家人质疑，认为他年纪轻轻才华横溢，作为初婚，娶一个年纪比他大，满脸病容还怀着别人孩子的女人，简直不可思议。于是，这场婚事几乎遭到家族所有人的反对，但端木蕻良依旧执意要和萧红结婚。

　　婚礼上，亲友围坐一桌，萧红将四颗相思豆放到端木的手中："这四颗相思豆是鲁迅先生和许广平先生当年给我的，今

---

① 梅志《爱的悲剧——忆萧红》。

天送给你，作为我们的结婚信物。"她无限感慨地对众人说："像我眼前这种状况的人，还要什么名分，可端木却做了牺牲，就这一点我就感到十分满足了。谢谢他成全了我。"

端木蕻良热泪盈眶。

眼前的这个女人，敛去了一身锋芒，用宁静柔和、带有期冀的目光看着他。这个曾像烈驹一般的女人，以无比叛逆、惊世骇俗的阵势从30年代初的东北小镇跳脱而出，颠沛流离，饱经忧患，又像杂草一样野蛮生长。她风风雨雨一路行来，已经有着足够支撑她在文学天空尽情翱翔的坚强羽翼，但此刻，在面对婚姻与家庭的时候，她依旧是有着世俗渴望与价值坐标的传统女人。

交杯酒饮下，百年好合、相濡以沫、不离不弃、天长地久……这些词语像被波涛簇拥起伏的浮标，在心头晃晃悠悠。经历过与萧军那一轮冰与火的碰撞，经过那段铭心刻骨的爱，选择端木这一个和萧军相比更弱势的男人，也许是萧红应着自己的需求，应着自己身体、情感的状况，选择了一个相对合适的人。

每个人都希望自己做的每一次选择都不留遗憾，或者至少在做下选择的时候，会抱有这样的希望吧。

萧红的笔一直没有停歇过，而自她出生之日起便伴随着整个中国的离乱与战火，也一直没有停歇。

　　1938年4月，日军将进攻武汉纳入作战计划。

　　5月，国民政府放弃徐州，武汉保卫战开始。

　　6月中旬，国民政府军事委员会新编第九战区，同时决定以第五、第九两个战区所属部队保卫武汉。

　　7月，日军攻占九江，向武汉围拢，在华中地区集中14个师的兵力。

　　8月5日，第九战区武汉保卫战作战计划拟定，武汉市民开始大撤退。

　　8月6日，萧红迁到东北救亡总会住下，病弱的她挺着大肚子，焦灼地等待着去往重庆的船。在那个时候，她创作了小说《黄河》，在山西的那些见闻与感受，在她的脑中过了一

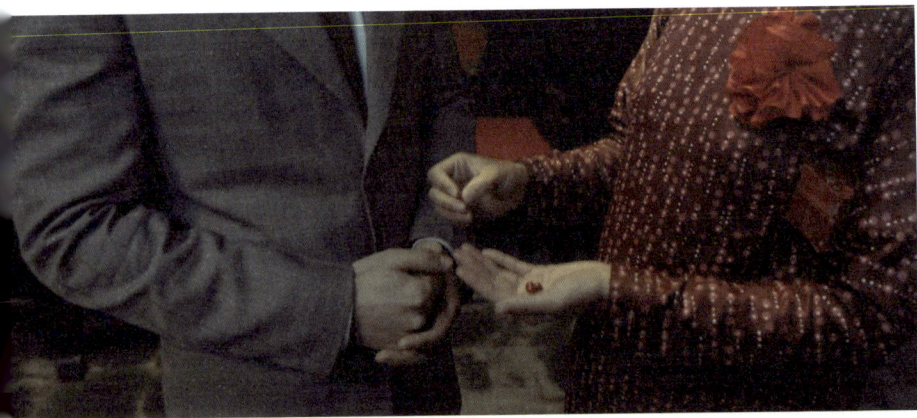

遍又一遍。

"八路上的……"他招呼着那兵士，"你放下那撑杆吧！我看你不会撑，白费力气……这边来坐坐，喝一碗茶……"方才他说过的去去去……现在变成来来来了："你来吧，这河的水性特别，与众不同……你是白费气力，多你一个人坐船不算么！"

"赵城，赵城俺住了八年啦！你说那地方要紧不要紧？去年冬天太原下来之后，说是临汾也不行了……赵城也更不行啦……说是非到风陵渡不可……这时候……就有赵城的老乡去当兵……可是你说……赵城要紧不要紧？俺倒没有别的牵挂，就是俺那孩子太小，带他到这河上来吧！他又太小，不能做什么……跟他娘在家吧……又怕日本兵来到杀了他。这过河逃难的整天有，俺这船就是载面粉过来，再载着难民回去……看那哭哭啼啼的老的小的……真是除了去当兵，干什么都没有心思！"

从全景到微观的写实记录，独特的地域景观与粗犷朴实的方言，让人身临其境。浑浊的黄河，泥浆缓缓流动，船在上面艰难滑行，但船上的兵士与人民，依然抱着必胜的信念。

"我问你，是不是中国这回打胜仗，老百姓就得日子过啦？"

八路的兵士走回来，好像是沉思了一会，而后拍着那老头的肩膀。

"是的，我们这回必胜……老百姓一定有好日子过的。"

人们常用天才这两个字来形容萧红，她细腻独特的风格与当时那个时代的主流文风简直大相径庭。《黄河》写完十余日后，萧红继续创作了《汾河的圆月》。她以从容的笔触讲述了一位老妇人的故事。这个妇人的儿子战死，她由此发了疯。但邻居们见她疯了，并未有太多的同情，也并未因自己也处于相同的苦难而心生悲切，反而戏弄着老人：

"你儿子去练兵去了吗？"

她说："是去了啦，不是吗！就为着那芦沟桥……后来人家又都说不是，说是为着'三一八'什么还是'八一三'……"

"你儿子练兵打谁呢？"

假若再接着问她，她就这样说：

"打谁……打小日本子吧……"

"你看过打小日本子吗？"

"小日本子，可没见过……反正还不是黄眼珠，卷头发……说话滴拉都鲁地……像人不像人，像兽不像兽。"

"你没见过，怎么知道是黄眼珠？"

"那还用看，一想就是那么一回事……东洋鬼子，西洋鬼子，一想就都是那么一回事……看见！有眼睛的要看，没有眼睛也必得要看吗？不看见，还没听人说过……"

以淡定克制的悲悯书写战争与人世的残酷，这就是萧红，才华天赋予，有着从不人云亦云、充满强烈个性与坚韧的精神骨架。即便是现在看来，她的文字依旧有着足够能超越特定时代的坚硬大力。

在文学上，萧红的创作是孤独的，而生活带给她的孤独感也日益深重。端木蕻良先去了重庆，她怀着八个月身孕独自在兵荒马乱的武汉等待出发，其煎熬与落寞可想而知，如同她后来对张梅林说：

"我总是一个人走路，以前在东北，到了上海后去东京，现在到重庆，都是我自己一个人走路。我好像命定一个人走路似的……"

但她依旧不得不投奔到端木身边，依旧不得不妥协于生活。这个女子，一直是处于分裂与矛盾之中的吧。

在好友白朗的回忆里，1938年年底，在重庆江津，萧红在她的照顾之下生下了萧军的孩子，但孩子出生不久便夭折了。这个孩子的死，是萧红生命中又一个巨大的谜团。

影片《黄金时代》中，白朗惊骇万分地问萧红："孩子呢？孩子呢？"

"死了。"萧红轻声说。

"什么？昨天不是好好的吗！怎么可能死了？"

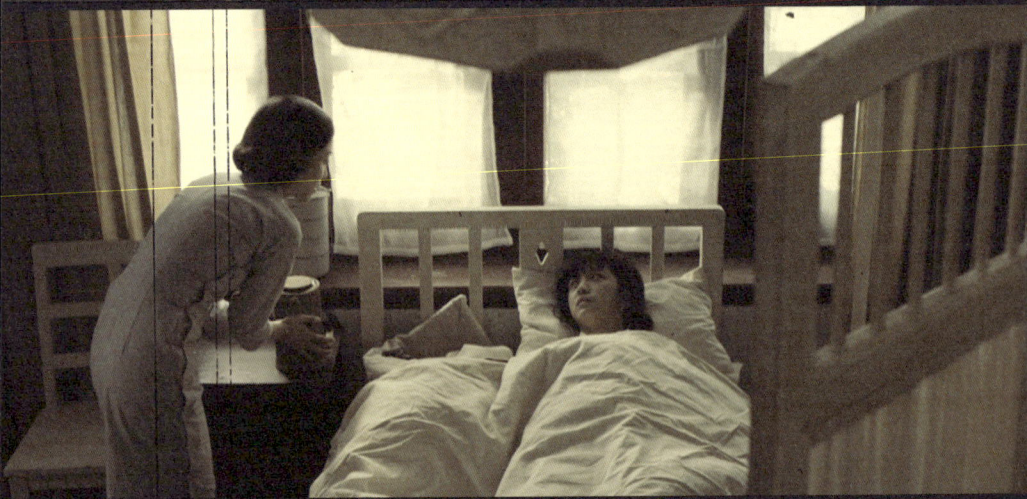

沉默，冰一样铁一样的沉默，苍凉的、无奈的沉默。

她（白朗）告诉我，萧红在产前心情是很好的，不但细心地做了自己的衣服，还给孩子做了小衣服，她是沉醉在做妈妈的幸福中。孩子生得很顺利，低额头四方脸，看去就像萧军。谁知产后三天我们傍晚从医院看了她出来，第二天再去她就告诉我们，孩子死了！医生、护士和我们都很吃惊，都说要追查原因，她本人倒反而表示冷淡，没多大的悲伤，只说死了就死了吧！这么小一个孩子要活下去也真不容易！就这样，她结束了做母亲的责任和对孩子的爱！这当然是萧红的不幸！但她绝对不是不愿做母亲，她是爱孩子的。是谁剥夺了她做母亲的权利、爱自己孩子的权利？难道一个女作家还不能养活一个孩子吗？我无法理解。不过我对她在"爱"的这方面更看出了她的一些弱点。[1]

对于孩子死亡的某些想象令人毛骨悚然。也有人猜测，萧红是将孩子送了人，她只是不想再跟萧军有牵连。

萧红复杂的个人魅力，有很大一部分在于她神秘的、谜一样的心理过程，谁能真正懂这个女人？她一生都在追寻着爱，为什么去追寻？她追寻的是怎样的一份爱，怎样的一份安全感和一份理想？没有人能精准地将她分析透彻。

167

---

[1] 梅志《爱的悲剧——忆萧红》。

在重庆的码头，白朗和萧红依依惜别。

"我祝你永远幸福。"萧红说。

"我也愿你永远幸福。"

"我吗？我会幸福吗？未来的前景就摆在我面前了，我将孤苦以终生……"

1940年1月19日，萧红同丈夫端木蕻良从战火纷飞的重庆飞赴香港，这年萧红30岁，端木28岁。

不论做什么事，萧红从来没有过多的解释，也从未说过她的选择是正确的，她只是按照当时的需要，主动或被动做出一些决定，然后自己负责自己承担后果。对于她来讲，文学创作大过一切，不管怎样，了无牵绊的女作家终于能安心写作了。

萧红经历了人生逆旅中最后一次重要的抉择，这一次，她的目的地将是她人生的终点站——香港。

〔2〕

天空清冽澄澈，宇宙静默无语。茫茫雪原上，雪在飘，在回旋，在曼舞，像沙一样流动。

她看到一个女人的身影，不，好像还有一个小女孩，她扎着小辫子，穿着小花袄，倏忽间便长大了，女孩和那个女人的身影与流动着冰凌的河水交错叠化在一起，风与雪开始吟唱，像从距离久远的时光传来的呼唤，又像一首歌，也像一种和解。

她静静站在远处，观望着，聆听着，心里起伏着莫可名状的悲伤⋯⋯

1941年4月，萧红被查出患有严重的肺结核，经过一番短暂治疗，出院之后在九龙的住处养病。其实不论生不生病，好像她的心灵与人生之路，已然将要走到尽头。当离人生越来越远的时候，好像离文学却越来越近了。写作于萧红是逃亡，亦是最后的救赎。萧红拖着病体，在困苦中拼命写作了几十万字的作品，经年累月的困顿与伤痛，皆化为闪光的文字：《马伯乐》（第一部）、《旷野的呼喊》、《回忆鲁迅先生》⋯⋯当然，还有那一部中国现代文学史上的旷世名作——《呼兰河传》。

香港这个地方，和萧红自身是如此相像，这座孤城深蕴着一切与漂泊有关的记忆和牵念。在香港的日子里，北国故乡的风物与往事，不时萦绕在萧红的梦境和思念之中。

在人生特定的时间节点上，好像总会走到这样的时刻，近年的记忆变得模糊，久远的记忆却逐渐清晰，曾经拼命要逃离的那些事那些地方，以为离得足够远了，却发现竟不知不觉走近它们，如同深入一条内河的旋涡中心：原来一直与它共存着，此刻最终放下了对抗，去真正懂得并能够平等地理解它，在告别的同时重新迈步，进入全新的航程。

呼兰河，黑土地，遥远的家园。

童年的痛与笑，青春的张扬与破碎，成年的钝痛与淡然……

一切的一切，像翩翩飞走的鸟，在天空不留一丝痕迹，但心中却有着与它们相关的不可言说的真相与秘密。

必须要说出来，必须要写下来，必须要留住，在生命的鼓点敲击得最猛烈急促的时候，萧红用她灵动轻盈、充满诗意的笔，捕捉了故乡在她生命中投下的星芒。

笔尖落到纸面上……渐渐清晰起来了，那避无可避忘不可忘的生命的脉管，那无可排遣的故乡的精魂。瑰丽奇幻的意象性画面随着一个个字与词的组合浓墨重彩弥漫在纸页之间。天空混沌的气象，宛如宇宙之初；漫天盖地的黑色鸦群，它们唱着歌，从县城的天空风一般掠过；火烧云艳丽如梦境，变化无常，有一刻它好像一匹马，当有人骑上它，就站立了起来；昴星升起来，月亮升起来，蝙蝠飞起来了……

在这样的场景中，她曾走过的街道、小巷，一条接一条地出现，她曾见过的那些人也出现，向她走近，向她微笑：铁匠，农民，写家信的学生，卖瓦盆的，翻了车的马夫，发出"噢噢"喊声的围观路人……连打着算盘的管家，她都能看到他写的账本，看得清清楚楚：北烧锅欠酒二十二斤，东乡老王家昨借米二十担……

萧红写着，描画着，讲述着，回忆着，原来她的灵魂从未离开过那个地方！

寒冷袭来，小狗冻得夜夜叫唤，就像脚爪被火烧着了。

冰雪像一张网，越撒越大，越收越紧，你眼睁睁看着水缸冻住，井冻住，门也被雪封了……

天空飞着清雪，人们嘴边的呼吸遇到严寒好像冒着烟似的；七匹马拉着辆大车，在旷野上成串地一辆挨着一辆地跑……这批人马在冰天雪地里边竟热气腾腾的了……

《呼兰河传》，给予读者的触感与视觉体验是那般层次分明！

读着这些文字，人们也许会在惊叹的同时背脊发寒，在眩惑的时候又开始恍然：萧红啊，你的灵魂在写就这些文字的时候已然飞过了崇山峻岭，飞过了万水千山，到达你永生再不能抵达的家乡了吗？

不论过了多少年，不论换了多少代的读者，他们总会跟随萧红的灵魂与精神，一同游荡在那片辽阔的黑土地上，听着河流奔腾的歌声，看到她的祖父、祖母、二伯、乡亲们……看到他们嬉戏的乐园，不自主的生死荣枯，体验他们所体验到的爱恨情仇，感受那充溢大美和哀凉的生命的永恒。

萧红让生命之火在呼兰河的回忆中燃烧到顶点，烈焰腾腾，一场多么悲壮华丽的告别！

　　在那个年代，这个勇敢的女人，在她的韶华之年，就做到挣脱所有传统的枷锁、束缚、家庭的压力，大胆地追求自己的爱情与欲望，去做自己要做的事情。《呼兰河传》这部作品中，萧红越轨的笔致已登峰造极、炉火纯青，这是纯文学的巅峰之作，这样的写作，亦是萧红在文学创作上毕生坚守的路线。她孤立又坚决地捍卫与完善自己的文风，不被所有当时占据主流的政治宣传或战争宣传文字所左右，也无惧来自各方的批评与贬损，她是当之无愧的真正的作家。

　　但也不难想象，在当时全民抗战的时代背景下，《呼兰河传》出版后，其影响力与《生死场》肯定会相距甚远。

　　有人说，二萧没分的时候，萧红的作品好歹是积极向上的，待他俩分手了，萧红跟端木走了，她的作品就离开了火热的生活，只能沉浸于童年的回忆之中。但还有另一种观点：真正使萧红成为萧红的作品，不是《生死场》，正是《呼兰河传》。茅盾为《呼兰河传》撰写了序言，他说：要点不在《呼兰河传》不像是一部严格意义的小说，而在于它"不像"之外，还有些别的东西———一些比像一部小说更为诱人的东西：它是一篇叙事诗，一幅多彩的风土画，一串凄婉的歌谣。

在电影《黄金时代》中，创作者借萧红友人之口，表达了他们对萧红作品价值的认知，蒋锡金、舒群这两位萧红生前的好友，对着摄影机镜头平静地讲述。

蒋锡金："几十年的时光无情流逝过去，当我们远离满目疮痍的战乱的中国，人们忽然发现萧红的《呼兰河传》，像一朵不死的花朵深藏在历史深处。"

舒群："八十年代兴起了一股萧红热，《呼兰河传》被文学史家誉为现代文学史最杰出的作品。曾为抗战文学开风气之先的萧红，却放弃了眼前大时代的题材去回忆童年。正因为她这种逆向性的自主选择，注定是千秋万岁名，寂寞身后事。"

……

以上我所写的并没有什么优美的故事，

只因它们充满我幼年的记忆，

忘却不了，难以忘却，

就记在这里了。

写完最后几行字，萧红放下了笔，对于这些文字今后的造化和命运，她已没有太多力气去想象了。

香港，有田园，有海，有短暂的静谧。在清晨，海水浅蓝又泛着粉红的阳光；到中午是深不可测的天蓝；到了傍晚，则是一片金色；夜里，山雾升腾，云气氤氲，海水变成深沉的墨绿，海涛的声音如柔和的呼吸。但萧红在这片柔和与寂静中，心力交瘁到达了顶点，逆流而行这么多年，病弱的她终于精疲力竭。

〔3〕

1941年秋天，一个24岁的年轻人走进了萧红的生活。

骆宾基，吉林人，曾是萧红胞弟张秀珂的同学，1936年开始文学创作，1937年在茅盾主编的杂志《呐喊》上发表了第一篇作品《大上海一日》。同属于东北作家群，骆宾基深受金剑啸、萧军、萧红的影响，用现在的话来说，与萧红等人相识之

前，骆宾基就是他们的粉丝了。

骆宾基从内地去了香港，辗转得到端木与萧红的地址，主动去找了他们。因这年轻人与弟弟张秀珂的关系，萧红对他表现得友善而亲近。在孤岛般的香港，异乡遇到同乡，更何况还是同道中人，自然是要患难与共的。

萧红如何界定与骆宾基的关系我们不知道，她自己并未留下只言片语。

按照骆宾基的说法，萧红在弥留之际的多数时间是由他陪伴的，萧红去世五年后，他成了第一个写出萧红传记的人。在传记中，他事无巨细地记录了萧红生命中最后一段时光。

1941年12月8日，太平洋战争爆发。东南亚的英属殖民地相继被日军攻陷，香港作为英国在亚太区域的重要据点，遭到日军重兵袭击。从兵力来讲，日军的先遣部队有五万多人，而驻扎香港的英属守军和义勇军只有不到两万人，战事甫开，日军便强力轰炸启德机场，取得了香港的制空权。从1941年12月8日到12月25日之间的十七天时间里，惨烈的香港保卫战以香港沦陷作为结束。

正是在这战火纷飞的十七天中，萧红的病情急转直下。被战火追赶催逼的她，短暂的一生几乎全陷在这种动荡不安的逃亡中，但这一次，她没有能力再逃走了，她病得连走路都成问题。

真是令人可惜可叹。

萧红与端木成婚后夫妻感情如何，她几乎没有留下任何文字，端木则长久保持缄默。对香港那段日子，人们所知的情况大部分出自骆宾基的转述与回忆。

香港保卫战开始的那一天，骆宾基去九龙向萧红与端木辞行，但他并没走成，端木要外出去商量突围，让骆宾基帮忙照顾萧红，惶恐不安的萧红也极力央求骆宾基留下。骆难以拒绝，只得留下。

"你不要离开我，我怕……"脸色惨白的萧红惊惧不已地恳求，"我太疲倦了，拉着我的手，我想打个盹，这样我就安心多了……"

这些话里有爱意吗？更多的是一种无助，一种巨大的孤独和恐惧。对于早就仰慕萧红的骆宾基来说，面对这样的状况，作为异性，除了同情，还可能会萌生出什么样的情绪呢？

"这段情感纠纷一直是扑朔迷离的，"萧红研究会副会长章海宁说，"我们不知道当时发生了什么事情，一直是个谜。甚至骆宾基后来在桂林的时候也曾经有这种提法，说萧红病好了以后要嫁给他，后来他又否认了这个说法。"

作为一个无意间闯入一片禁忌之地里的人，骆宾基从某种程度上成了萧红在特定时间的唯一代言人，唯一的目击者。

在《黄金时代》中，骆宾基对着镜头沉吟：

"今天上午聊天的时候，我问萧红：你为什么能跟端木一起生活三四年呢？萧红说：筋骨若是痛得厉害了，皮肤流点血，也就麻木不觉了。"

这段独白来自骆宾基的回忆。往真实的层面去分析，以萧红敏感的性格，以她过往那般的经历，她说出这样的话似乎也情有可原。一个城市正在倾覆，炮火连天，萧红病入膏肓，求生意志却非常强烈，肯定比一般健康的人更加不安恐惧，事实上，她那时若真的被人弃之不顾，绝对是必死无疑。

骆宾基以一种近乎于临终关怀的方式陪伴着萧红，这个脆弱的、满怀着惊恐的女人宛如在狂啸的巨浪中寻到了救星。

太平洋战争爆发的次日，端木蕻良回来，和骆宾基一同护送萧红从九龙转移到香港的思豪酒店，自此骆宾基一直守护在萧红身边。按骆宾基的说法，端木蕻良在此后又失踪了好几天。

关于失踪那几日的行踪，端木在晚年接受采访时解释道："骆宾基不知道，在香港，你得先付医院手续费和一星期的住院费及特别护理费，我得把这些钱准备好，人家才允许萧红住院。"

研究萧红的专家章海宁分析道："在一个兵荒马乱的时候，日本人占领香港，在这种极端困难的情况下，他们又缺衣少药又没有钱，屋里面既有骆宾基在照顾，而外边全要靠端木蕻良去跑，萧红和骆宾基对端木蕻良在外边的生活经历，根本就一无所知，所以对端木蕻良，他们两个人都产生了很深的误解。"

误解已然产生，萧红怀疑自己被端木抛弃，惊惧无助，内心翻江倒海，情绪非常不稳定，她向身边的骆宾基流露出与端木结合的悔恨，以及对萧军的不舍与思念：

"我在四川的时候曾经想到过萧军，如果我拍一封电报给他，请他来接我，他一定会来接我的。"

萧红在生命最后一段时光真正的所思所想，她对萧军和端木的看法，恐怕将成为永远的秘密。除了骆宾基的回忆，后人只能从萧红友人们的讲述里探知一二。

在梅志的回忆中，萧红去香港前曾去探望她与胡风。

那天，正巧梅志收到萧军从兰州寄来的信，里面有一张照片，萧军已和年轻的王德芬结婚，照片是他和王的合影，萧军在信中表达了他"充满幸福的心情"。萧红来了，因为爬了楼，坐下平了平气，闲谈间，梅志顺便将萧军的信给萧红看了。

萧红激烈的反应完全出乎梅志的预料：

她手里拿着照片一声不响，脸上也毫无表情，刚才的红潮早已退了，现在白里透青的颜色，像石雕似地呆坐着。……我发慌了，后悔了。想不到她对萧军还有这么深的余情！看得出她心里是痛苦、失望、伤心的。这张照片对她该是一个不小的打击，但又是必然要来的一个打击……后来她像是醒过来了，仍旧没有做任何表示，只是说："那我走了，同F说我来过了。"就这样像逃避什么似的匆匆地走了。①

与萧军的决绝分手给了萧红一个暂时的解脱，她得以专心写作，可在同时她也为此付出了沉重的心灵代价，与萧军这段情感造成的后遗症波及了她和端木的生活。在萧红的内心深处，对于感情的稳定始终抱有怀疑与不确定之感，倘若身康体健还好，至少在生活上能少吃点苦头，偏偏又饱受病魔摧残，加上战火连天，只能让人感叹其"生于末世运偏消"了。

萧红对骆宾基说："我知道，和萧军的离开是一个问题的结束，和端木又是另一个问题的开始，现在我要在我父亲面前投降了，惨败了，丢盔弃甲了，因为我的身体倒下来了，想不到我会有今天！"

对于端木，她则是这么评价的：

各人有各人的打算，谁知道这样的人在世界上是想追求些什么？我们不能共患难。②

其实，那个"不能共患难"的人——端木蕻良，最终放弃

① 梅志《爱的悲剧——忆萧红》。

② 骆宾基《萧红小传》。

了突围的计划，回到了思豪酒店，并且一直衣不解带地陪伴与照顾着萧红。

1941年12月14日起，港岛石油提炼厂、橡胶厂及多处民房设施遭轰炸，大火使主输水管破坏，城区断水，围城战开始。12月17日，两连日军敢死队强攻北角附近海岸。

战事越来越紧，枪炮声不绝，酒店时常停水停电，市面上物价飞涨，食物被抢购一空，传染病横行，大量市民死亡，地痞流氓开始趁火打劫；丑恶，罪愆，搏命，颓丧，凄惨，沦亡……穷形尽相的乱世，灾难如轮盘飞转，哪个百姓不是命若飘萍？

12月18日晚，日军三大联队横过维多利亚港，大规模登陆香港岛，皇家海军出动几艘炮艇，隔海炮战无比激烈。正是那天晚上，一枚炮弹正中萧红与端木等人所在的思豪酒店六楼。

〔4〕

端木蕻良与骆宾基之间的关系变得无比微妙，哪怕对同一件事情，两人的回忆也大相径庭。

对于那晚的轰炸，当炮弹袭击了思豪酒店后，有的回忆录说是骆宾基在陪着萧红，但端木蕻良的回忆恰恰相反：刺鼻的硫黄味里，大楼摇晃起来，所有人都纷纷奔逃寻找安全的地方，骆宾基夺门而出，和众人躲避到酒店防空洞里，端木蕻良在炸弹炸开的瞬间扑在萧红的身上，整栋大楼里只剩下他和萧红两个人。

1941年12月25日，日军占领香港。

萧红病情急剧加重，被送进香港跑马地养和医院，却因庸医误诊而错动了喉管手术，这对她的病情是致命的一击。很快，术后炎症发作，她高烧持续不退，呼吸困难，时常陷入昏迷。医生在萧红喉部放入吸管，每当萧红无法呼吸的时候，端木蕻良立刻用吸痰器为她吸痰。

如果说端木一开始与萧红的结合，他能接受一个怀孕的女人，或许出于复杂的动机或者出于爱的冲动，但在这个女人弥留之际，当端木完成吸痰的这一个动作的时候，一切修饰的词

语似乎都变得苍白无力了。

什么是真心？这两个字太复杂又很简单。患难之中，人之所为即代表其心。

随后的日子里，不论是端木、骆宾基还是萧红自己，都很清楚地知晓，她的生命已经快走到尽头。

"我本来还想写些东西，可我知道我就要离开你们了……"萧红含着泪，安慰着身边的两个人，"不要哭，我也舍不得离开你们俩。"

1942年1月18日，端木和骆宾基将萧红转入玛丽医院。第二天，萧红精神恢复了一些，她在纸上写下："我将与蓝天碧水永处，留下那半部《红楼》给别人写了……"曾经有着那么强烈的求生欲望的女人，曾经那么叛逆不羁、那么执拗热情的女人，此刻困守孤城无力脱身，眼睁睁看着死神离自己越来越近，满心绝望和委屈："半生尽遭白眼冷遇，……身先死，不甘，不甘。"

萧红颤抖的手放下笔，她安静地躺在病床上，眼神虚浮，很快便陷入昏迷，黑暗在四周蠕动着。

1月22日清晨，日军接管医院，病人全被赶走。端木蕻良想尽办法，将昏迷中的萧红转送去了一家法国医院，可没安顿多久，不得不再次转移，病榻上的萧红又被送到红十字会在圣士提反女校设立的临时救护站。

宛如一片枯叶，在暴风中无力地旋转着，风吹到哪里，它就只能飘到哪里，直到粉身碎骨。这样的命运，当萧红在数年前白月光洒满窗台，微带着恐惧与悲哀写下"黄金时代"四个字时，是否想象得到呢?

转院的一路颠簸混乱，市面上药品也全部被日军接管，药店无药可售，弥留之际，萧红连最简单最基本的治疗也得不到了。

"她有一张近于圆形的苍白色的脸幅嵌在头发的中间，有一双特大的闪亮的眼睛。"

这是萧军记忆中初见萧红时她的模样，他们此刻已远隔千山，而那双美丽眼睛里的光芒，最终还是黯淡了，完全熄灭了。

1942年1月22日上午，战火纷飞中，萧红凄凉离世，年仅31岁。

萧红的一生，几乎跨越了自1911年辛亥革命到抗战胜利这段战火连绵、多灾多难的岁月。[①]

倘若没有战争，身处和平年代，作为一个作家，萧红或许不至于流离失所，从异乡流浪到异乡。但在那个时代，萧红的命运已经不是她一个人的命运了，这是一个民族动荡而充满悲情的命运的缩影。

---

① 葛浩文《萧红传》。

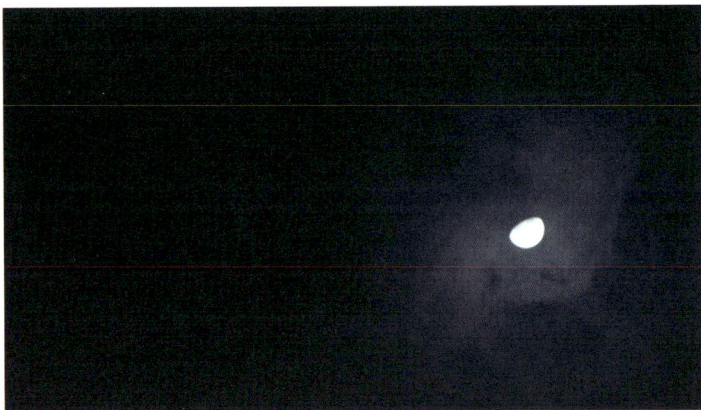

　　1942年1月24日，萧红的骨灰被葬于香港浅水湾。15年后的1957年，萧红骨灰从香港迁到广州银河公墓，被重新安葬。50年后的1992年，萧红的故乡呼兰县建起了萧红的青丝冢，80岁的端木蕻良题写了"萧红之墓"四个字。棺木中是端木保存了半个世纪的爱人的一缕青丝。

　　生死相隔不相忘，落月满屋梁，梅边柳畔，呼兰河也是潇湘……

　　"一直到四二年夏季，见到了骆君，才知道萧红已在战争时，因得不到好的治疗和亲人的关心，含恨而逝世了！中国的一个很有才华但还未得到充分发挥，写出她的辉煌巨著的女作家，只三十一岁，就过早的逝世了！"[①]

　　那些曾经与萧红共患难的人们，大抵会在心中保留一个角

---

① 梅志《爱的悲剧——忆萧红》。

落，存放只属于自己的回忆和秘密。而那一个存于他们心底的女子，她一生都在逃亡，一生都在奔跑，一生都在寻找，曾闯过一次比一次更猛烈的风暴，但是她也曾说：

"你知道吗，我是个女性。女性的天空是低的，羽翼是稀薄的。不错，我要飞。但同时觉得……我会掉下来。"

她并未坠落，她只是最终停了下来，停在半路上，停在了她的黄金时代。

他们共同的黄金时代。

【完】

附录

汤唯 饰 萧红

黄金时代
THE GOLDEN ERA

冯绍峰 饰 萧军

王志文 饰 鲁迅

黄金時代
THE GOLDEN ERA

丁嘉丽 饰 许广平

朱亚文 饰 端木蕻良

黄金時代
THE GOLDEN ERA

黄轩 饰 骆宾基

郝蕾饰丁玲

黄金時代

THE GOLDEN ERA

袁泉 饰 梅志

王千源 饰 聂绀弩

黄金時代

THE GOLDEN ERA

沙溢 饰 舒群

祖峰 饰 罗烽

黄金時代

THE GOLDEN ERA

张译 饰 蒋锡金

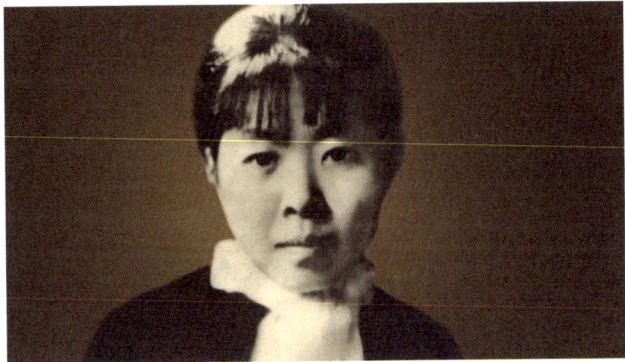

萧红生平（1911～1942）

1911年

6月1日（农历五月初五），萧红生于黑龙江省呼兰县（现哈尔滨市呼兰区）城内龙王庙路南的张家大院。乳名荣华，学名张秀环，后改名张廼莹。

生父张廷举（1888—1959），字选三，黑龙江省立优级师范学堂毕业，获奖励师范科举人，中书科中书衔，先后在汤原、呼兰等地任教并担任地方教育官员。1945年抗战胜利后参加土地改革，拥护共产党的领导，被定为开明绅士。

生母姜玉兰（1886—1919），婚后生一女三子，长女荣华、长子富贵（夭亡）、次子连贵（即张秀珂）、三子连富（夭亡）。

10月10日，武汉地区的革命团体文学社和共进会发动武昌起义，获得各省响应，史称"辛亥革命"。

1912年

开始学走路。祖父张维祯（1849—1929）与祖母范氏（1845—1917）的三个女儿早已出嫁，育有一子夭亡，家中久无小孩，萧红的出生给张家带来了快乐。祖父对其疼爱有加。

1913年

开始与祖父进入后花园玩耍。

1914年

大弟富贵出生。更多时候与祖父在一起，后花园是最为快乐的去处。

1915年

大弟富贵夭亡。

1916年

二弟连贵（张秀珂）出生。

随母回娘家省亲，二姨姜玉环得知外甥女大名张秀环，坚持要父亲给其改名。

外祖父姜文选将萧红学名改为"张廼莹"。

1917年

7月9日，祖母范氏病故。其后，萧红搬到祖父房间，祖父开始口授《千家诗》。

1918年

渐渐对家里租住户的生活有所了解。

1919年

1月初，三弟连富出生。

8月26日（农历闰七月初二），母亲姜玉兰不幸染上霍乱，三天后病故。三弟连富被送往阿城张廷举四弟家寄养。

12月15日（农历十月二十四），张廷举续娶梁亚兰。梁亚兰（1898—1972），婚后生三子（张秀玞、张秀琢、张秀琬）二女（张秀玲、张秀珑）。

1920年

秋，入呼兰县乙种农业学校女生班，上初小一年级。该校俗称龙王庙小学，后改称第二十国民小学、南关小学，现为萧红小学。

1921年

秋，升入初小二年级。三弟连富感染霍乱夭亡。

1922年

秋，升入初小三年级。弟弟张秀珂入龙王庙小学读一年级。

1923年

秋，升入初小四年级。

1924年

夏，初小毕业。

秋，入北关初高两级小学校女生部，读高小一年级。学校位于城北二道街祖师庙院内，后曾称为道文小学、第二初高级完全小学校、胜利小学校等。不久，张廷举出任该校校长。

1925年

秋，转入呼兰县第一女子初高两级小学校（即后来县立第一初高两级小学校的女生部，该校校址在今呼兰县第一中学院内），插班高小二年级。

5月30日，震惊中外的"五卅惨案"发生。全国人民抗日反帝爱国的热潮风起云涌。受这股潮流影响，呼兰县中学联合会发起游行、讲演、募捐等活动，支援上海工人、学生们的斗争。萧红积极参与这一社会活动，并与同学傅秀兰一起到居住县城东南隅有钱有势的"八大家"募捐。

7月末，呼兰县学生联合会在西岗公园举行联合义演，答谢募捐民众。萧红在话剧《傲霜枝》中扮演一个贫苦的小姑娘。

1926年

6月末，高小毕业，到哈尔滨继续上中学的愿望遭父亲、继母反对。萧红以与家长冷战的方式进行抗争。

秋，同班同学田慎如因抗婚到呼兰天主教堂当修女。

1927年

夏，因抗争无果，扬言效仿田慎如到天主教堂当修女，张廷举终于妥协，同意萧红继续读书。

秋，入哈尔滨"东省特别区区立第一女子中学校"就读，该校前身为私立"从德女子中学"，现名为萧红中学。

1928年

3月15日，（农历二月初五），祖父张维祯八十寿诞。黑龙江省"剿匪"总司令、东北陆军十二旅中将旅长马占山和上校骑兵团团长王廷兰，呼兰县长廖飞鹏等人前来祝寿。马占山赠送题为"康疆逢吉"的牌匾一块，并由他提议，将张家大院所在的英顺胡同更名为"长寿胡同"。

6月，张廷举出任呼兰县教育局局长。

9月中旬，张廷举转任黑龙江省教育厅秘书。

11月9日，哈尔滨市学生维持路权联合会发起反日护路游行示威活动，史称"一一·九"运动。萧红参加游行，主动担任宣传员。

1929年

1月初，由六叔张廷献（张廷举的异母弟）保媒，萧红父将其许配给哈尔滨顾乡屯汪恩甲，两人正式订婚。

6月7日，（农历五月初一），祖父病故，回家奔丧。

下半年，了解到汪恩甲的庸俗和吸食鸦片的恶习，萌生退婚之念。

11月17日，苏军攻占满洲里和扎兰诺尔。是月中旬，参加"佩花大会"进行募捐。

1930年

4月，陆哲舜从哈尔滨法政大学退学，就读北平中国大学。

上半年，向父亲表达初中毕业后到北平继续读高中的愿望，遭到拒绝。

夏，初中毕业。父亲和继母主张萧红与汪恩甲完婚。在同学徐淑娟等的鼓动下，萧红准备抗婚求学。

初秋，假意同意与汪恩甲结婚从家里骗出一笔钱，出走北平，入北平大学女子师范学院附属女子中学读高中一年级。与陆哲舜在二龙坑西巷一小院分屋而居。家里震怒，给陆家施加压力。陆家劝说无果，断绝陆哲舜的经济来源。

冬，陆哲舜向家庭妥协。

1931年

1月中旬，回呼兰，遭软禁，精神极度痛苦，后与家庭和解。

2月下旬，返回北平。汪恩甲随后找到萧红。

3月初，返回呼兰。

4月初，随继母搬到阿城福昌号屯，开始长达六个月的软禁生活。

10月3日夜，在姑姑和七婶帮助下，离开福昌号屯逃至阿城，旋即乘火车逃至哈尔滨。

10月上旬，开始在哈尔滨街头流浪，生活困苦不堪，再次与汪恩甲交往。

12月初，住进在东省特别区第二女子中学就读的堂妹张秀珉宿舍，经张秀珉、张秀琴姐妹斡旋，在该校高中一年级插班，十多天后发现自己怀孕不辞而别，与汪恩甲住进道外东兴顺旅馆。

1932年

2月5日，日军占领哈尔滨。

春，回继母梁亚兰家。当天下午汪恩甲找至，两人旋即一起离开。其间，创作《可纪念的枫叶》《静》《偶然想起》《栽花》《春曲》等诗。

5月中，汪恩甲离开东兴顺旅馆，被家庭扣下。萧红不满汪恩甲之兄汪大澄代弟解除婚约，状告其"代弟休妻"。因汪恩甲在法庭上为其兄开脱，官司败诉。

6月中，因欠旅馆食宿费四百余元，萧红被扣为人质，陷入被卖到低等妓院的困境。

7月9日，向《国际协报》文艺副刊主编裴馨园发信求助。裴馨园随即带人到旅馆探访，并与友人商讨营救方案，未果。

7月12日黄昏，萧军受裴馨园之托到东兴顺旅馆探访。二萧第一次相见便相互倾慕。次日，萧军再来旅馆，两人迅速陷入热恋。

8月7日，松花江决堤二十余处，整个道外区顷刻一片汪洋，街可行船。

8月8日黄昏，舒群泅水前往东兴顺旅馆探望萧红。

8月9日上午，搭搜救船离开东兴顺旅馆，住进裴馨园家，不久，与裴家人产生隔阂。

8月底，在哈尔滨市公立第一医院（现哈尔滨市儿童医院）产下一名女婴，旋即送人。

9月下旬，被接回裴家。几天后与萧军一起搬出，住进欧罗巴旅馆。

11月中旬，二萧从欧罗巴旅馆搬出，安家于商市街二十五号。经金剑啸介绍，参加"牵牛坊"的活动，结识了一些新朋友。

1933年

年初，在萧军鼓励下，参加《国际协报》征文，开始文学创作。

4月18日，完成长篇纪实散义《弃儿》。该文连载于5月6日至17日《大同报》文艺副刊《大同俱乐部》。此后，陆续创作了小说《腿上的绷带》《太太与西瓜》《看风筝》等。

7月，参加"星星剧社"活动，排演《小偷》《娘姨》等剧目。

10月3日，与萧军的小说、诗歌、散文合集《跋涉》自费在哈尔滨《五日画报》印刷社出版，引起文坛注意，作者被誉为黑暗现实中两颗闪闪发亮的明星，奠定了二萧在东北文坛的地位。

10月中旬，"星星剧社"解散。

12月，《跋涉》因有"反满抗日"倾向遭查禁，二萧在哈处境日艰。年底，与萧军计划离开哈尔滨。

1934年

3月中，舒群来信，约二萧去青岛。

4月20日至5月17日，小说《麦场》（即《生死场》前两章《麦场》《菜圃》）连载于《国际协报》副刊《国际公园》。

5月间，因病在萧军乡下友人家居住十多日调养身体。

6月12日，与萧军悄然离开哈尔滨。

6月15日，与萧军经大连抵达青岛。端午节后搬进观象一路一号。不久，舒群、倪青华夫妇搬来同住。

9月9日，完成《麦场》的创作。

10月初，二萧以萧军的名义给鲁迅写信。不久，鲁迅回信，二萧备受鼓舞。

11月1日，二萧与作家张梅林乘坐"共同丸"离开青岛，次日抵达上海，与萧军住进拉都路上的一个亭子间。次日，给鲁迅去信。

209

11月4日，得鲁迅回信，从此开始与鲁迅先生的书信往来。

11月30日，二萧与鲁迅全家在一家咖啡馆见面。

12月19日，二萧赴鲁迅全家的宴请，结识茅盾、叶紫、聂绀弩夫妇等人。

1935年

3月5日，在鲁迅推荐下，小说《小六》发表于《太白》第一卷第十二期。

3月中，开始写作《商市街》系列散文。

5月15日，完成系列散文《商市街》。

6月1日，散文《饿》在《文学》第四卷第六号上发表。

6月中，搬到萨坡赛路一九〇号唐豪律师家。

10月，因《麦场》公开出版无望，决定自费印行。后从鲁迅信中得知，《麦场》改名《生死场》。

11月6日，与萧军第一次赴鲁迅家宴。

11月14日，鲁迅为《生死场》作序。

12月中，《生死场》作为"奴隶丛书"之三假托"荣光书局"自费印行，作者署名"萧红"。该书收鲁迅《序言》、胡风《读后记》。

1936年

1月19日，与萧军、聂绀弩等人共同编辑的《海燕》创刊，当日售完2000册，鲁迅夫妇携海婴在梁园设宴庆贺。《海燕》创刊号载萧红散文《访问》。

3月1日，散文《广告员的梦想》载《中学生》第六十三期。此后，《同命运的小鱼》《春意挂上了树梢》《公园》《夏夜》等多篇散文先后在《中学生》杂志发表。

3月中，与萧军搬至北四川路"永乐坊"。

3月23日午后，在鲁迅先生家结识美国作家史沫特莱。

春，陈涓回上海，萧军与其产生情感纠葛，萧红受到巨大伤害。

4月15日，《作家》创刊号载萧红小说《手》。

5月16日，鲁迅病重。月底，连续多日前往鲁寓。

6月15日，在鲁迅、茅盾、巴金等67位作家联合署名发表的《中国文艺工作者宣言》上签名。

7月中，决定东渡日本一年，并期待与在日本留学的弟弟张秀珂会面。

7月15日晚，鲁迅夫妇设家宴为之饯行。

7月16日，黄源设宴为萧红送行，饭后与萧军、黄源到照相馆拍合影一张。

7月17日，乘船赴日。

7月21日，抵达东京，在黄源夫人许粤华的帮助下，开始旅日生活。

7月26日，给萧军去信，告知弟弟张秀珂已于7月16日回国。

8月中，散文集《商市街》作为由巴金主编的《文学丛刊》第二集第十二册，由上海文化生活出版社初版，内收散文41篇。

9月初，为《大沪晚报》写作纪念"九一八"的散文《长白山的血迹》。

9月12日晨，遭日本便衣警察盘查。

9月14日，进入"东亚补习学校"学习日语。

9月中，散文集《商市街》再版。

10月19日，鲁迅病逝，三日后，萧红获悉死讯，极度哀伤。后致萧军信（10月24日）以《海外的悲悼》为题载《中流》第一卷第五期。

11月，散文集《桥》作为巴金主编的《文学丛刊》第三集第十二册，由上海文化生活出版社初版。

1937年

1月9日，接萧军信，中断在日本的日语学习和创作，乘"秩父丸"回国。1月13日，回到上海，住法租界吕班路。

3月15日，组诗《沙粒》载《文丛》第一卷第一期，将与萧军间的情感危机公之于众。

4月间，与萧军关系恶化，离家出走至一家犹太人开办的寄宿画院准备学画，旋即被萧军朋友找回。

4月23日夜，离开上海到北平访友、散心。在北平期间与李洁吾、舒群有较多接触。

5月中，短篇小说集《牛车上》由上海文化生活出版社初版，为巴金主编"文学丛刊"第五集第五册。

5月下旬，返回上海。参加《鲁迅先生纪念集》的资料搜集和整理工作。与萧军关系持续恶化中。

7月7日，卢沟桥事变爆发，中国开始全面抗战。19日收到北平李洁吾的来信，记叙事变后北平现状。后将来信发表于《中流》第二卷第十期。

8月13日，淞沪抗战爆发，不避危险鼎力帮助日本友人鹿地亘、池田幸子夫妇。

8月底，胡风出面邀请萧红、萧军、曹白、艾青、彭柏山、端木蕻良等作家商议筹办新的文学杂志。萧红提议将即将创刊的新杂志命名为《七月》，得到大家赞同。此次集会上，与端木蕻良第一次见面。

9月下旬，二萧离开上海抵达汉口，通过于浣非结识诗人蒋锡金，旋即搬进蒋锡金位于武昌水陆前街小金龙巷二十一号的住处。

10月中旬，写回忆鲁迅的散文《万年青》《逝者已矣！》。《万年青》载武汉《战斗旬刊》第一卷第四期"鲁迅先生周年祭特辑"，后改名《鲁迅先生记（一）》收入重庆大时代书局初版的《萧红散文》；《逝者已矣！》载10月20日汉口《大公报·战线》第二十九号。

10月下旬，端木蕻良应胡风、萧军之邀到武汉，随后也搬进小金龙巷与二萧住在一起。到武汉安顿下来之后，开始长篇小说《呼兰河传》的创作。

12月10日，与萧军、端木蕻良突遭当局逮捕。次日，在胡风托人斡旋下，三人获释。

年底，二萧搬进冯乃超位于武昌紫阳湖畔的寓所。

1938年

1月16日下午，参加《七月》座谈会，以"抗战以来的文艺活动动态与展望"为题，表达了自己关于抗战文艺的见解。同日，书评《〈大地的女儿〉与〈动乱时代〉》载《七月》第二卷第二期。

1月27日，与萧军、聂绀弩、艾青、田间、端木蕻良等人离开武汉，前往山西临汾民族革命大学任教。

2月6日，抵达临汾，与丁玲率领的"西北战地服务团"相遇，结识丁玲，并建立深厚友谊。

2月间，日军逼近临汾。下旬，随"西北战地服务团"转移运城，萧军执意留下打游击，二人在临汾分手。

3月初，抵达西安，住进八路军驻西安办事处。与塞克、端木蕻良、聂绀弩等人共同创作三幕话剧剧本《突击》。发现自己怀孕，想找医生堕胎未果。

3月16日，《突击》在西安隆重公演，一连三天七场，场场爆满，轰动西安城。萧红与其他主创人员受到周恩来等领导人的接见。

4月初，萧军随丁玲、聂绀弩来到八路军驻西安办事处。向萧军正式提出分手，其后明确与端木蕻良的恋爱关系。

4月下旬，与端木蕻良一起回到武汉，再次入住小金龙巷。

4月29日下午，出席由胡风召集的文艺座谈会，题目是《现时文艺活动与〈七月〉》。会上，直率地表达了自己的创作观。

5月下旬，与端木蕻良在汉口大同酒家举行婚礼，胡风、艾青、池田幸子等人出席。

8月上旬，因武汉形势危急，端木蕻良离开武汉前往重庆。

8月11日前后，搬至位于汉口三教街的"中华全国文艺界抗敌协会"总部，与孔罗荪、蒋锡金等人住在一起，等候买船票入川。

9月中旬，与冯乃超夫人李声韵结伴去重庆。行至宜昌李声韵不幸大咯血，萧红手足无措，幸得同船《武汉日报》副刊《鹦鹉洲》编辑段公爽帮助，将她送进当地医院。两天后，一个人到达重庆。

11月，在江津一家私人小妇产医院产下一名男婴。产后第四天，平静告知白朗孩子头天夜里抽风而死。几天后，离开江津返回重庆。

12月，与池田幸子、绿川英子共住在米花街小胡同池田寓所。

12月22日，在塔斯社重庆分社，接受苏联记者罗果夫的采访。

1939年

春，蛰居歌乐山潜心创作，完成了散文《滑竿》《林小二》《长安寺》，短篇小说《山下》《莲花池》等作品。

4月5日，致许广平信（3月14日）以《离乱中的作家书简》为题，载《鲁迅风》第十二期。

4月17日至5月7日　香港《星岛日报》副刊《星座》连载小说《旷野的呼喊》。

5月间，与端木蕻良搬至嘉陵江畔的黄桷树镇，住进复旦大学苗圃。

9月22日，整理完成《鲁迅先生生活散记——为纪念鲁迅先生三周年祭而作》，后载《中苏文化》第四卷第三期。此后，发表多篇回忆鲁迅的文字。

10月下旬，将整理好的有关回忆鲁迅的文字结集为一本小册子，取名《回忆鲁迅先生》。

秋，与端木蕻良搬进名叫"秉庄"的一座二层小楼。

11月，与端木应邀参加苏联大使馆在枇杷山举行的十月革命纪念节的庆祝活动。

12月中，重庆北碚不断遭到轰炸，因不能忍受惊扰，与端木蕻良商量离开重庆，参考友人华岗的意见，最终决定前往香港。

1940年

1月17日，与端木蕻良离开重庆，乘飞机抵达香港，入住九龙尖沙咀金巴利道纳士佛台三号。

2月5日，"文协"香港分会在大东酒店举行全体会员聚餐会，热烈欢迎萧红、端木蕻良来港。次日，《立报》报道了该欢迎会的消息。

3月3日晚，参加在坚道养中女子中学举行的座谈会，讨论题目是"女学生与三八妇女节"。

3月，短篇小说集《旷野的呼喊》由上海杂志公司初版，列入郑伯奇主编的《每月文库》第一辑之十。

4月，以"中华全国文艺界抗敌协会"会员身份，登记成为"文协"香港分会会员。

5月11日，与端木蕻良应岭南大学艺文社之邀参加该校学生组织的文艺座谈会。

5月12日，与端木蕻良一起参加由香港文协与中国文化协进会共同举办的"黄自纪念音乐欣赏会"。

6月，《萧红散文》由重庆大时代书局初版。

6月24日，给华岗去信，关心其现状。此后一月间，与华岗书信往来频繁。

7月，《回忆鲁迅先生》由重庆妇女生活社初版。

8月3日下午3时，香港各界"纪念鲁迅先生六十生诞纪念会"在加路连山孔圣堂举行。会上，萧红报告鲁迅先生生平事迹。晚上，在孔圣堂举行晚会，上演萧红编写的哑剧《民族魂鲁迅》。

9月1日，《呼兰河传》开始在《星岛日报》副刊《星座》连载，12月20日《呼兰河传》完稿，至12月27日连载完毕。

1941年

1月，《马伯乐》第一部由大时代书局初版，5个月后再版。

2月1日，长篇小说《马伯乐》第二部在香港《时代批评》杂志第六十四期开始连载。

2月初，与端木蕻良搬家至九龙乐道八号二楼。

2月17日，"文协"香港分会等文化团体，在思豪酒店举办茶会欢迎史沫特莱、宋之的、夏衍、范长江等人来港。茶会由萧红主持，史沫特莱发表演讲。

3月初，史沫特莱至乐道八号看望。见萧红居住环境非常糟糕，执意邀请她到林荫台别墅与自己同住，两人共度了近一个月的时光。从林荫台回来，听说茅盾来港，与史沫特莱一起前往拜访，劝说茅盾夫妇一同前往新加坡，遭婉拒。

5月初，史沫特莱返回美国，行前带走了萧红、端木蕻良的一些作品，准备在美国发表。萧红托其将一册《生死场》代送给美国作家辛克莱。

5月30日，《呼兰河传》单行本作为"每月文库"第二辑之六，由桂林上海杂志图书公司初版。

6月4日，收到辛克莱回赠的书和表示感谢的电报回信。

7月1日，小说《小城三月》载《时代文学》第二期。

7月间，常常失眠，咳嗽加剧，为治疗痔疮，再次住进玛丽医院。

8月4日，与端木蕻良应邀去香港大学讲学。当天下午，二人接到许地山病逝的消息。

9月中，美国女作家海伦·福斯特与他人合作将萧红《马房之夜》译出，发表在自己主编的《亚细亚》月刊九月号上。萧红、于毅夫、端木蕻良、周鲸文等374人在《旅港东北人士"九一八"十周年宣言》上签名。

11月初，出院回家，茅盾、巴人、杨刚、骆宾基、胡风等友人先后前来探望。

11月上旬，诗人柳亚子前来拜访端木蕻良，与萧红相识。

11月中旬，再次住进玛丽医院。因不满医生护士的冷遇，急于出院。

11月下旬，于毅夫前来看望，萧红向其倾诉内心苦楚，于毅夫在没有办理出院手续的情况下将其接回。

12月8日，日军偷袭珍珠港，对英美宣战，进攻九龙。柳亚子前来看望，骆宾基于电话中向端木蕻良辞行，在端木蕻良的挽留下，应允留下帮助照料萧红。是夜，从九龙转移至香港。

12月9日，住进思豪酒店。

12月18日，被迫转移至周鲸文家，后又转移到告罗士打酒店。在日军占领酒店前，端木蕻良、骆宾基又将萧红转移出来，曾在何镜吾家落过脚，最后安置在中环一家裁缝铺里。

12月24日，转至斯丹利街时代书店的书库安顿下来。

12月25日，香港沦陷。

1942年

1月12日，住进养和医院，次日手术，术后发现医生误诊。

1月18日中午，转至玛丽医院。下午2时，安装了喉口呼吸铜管。因没有气流经过声带，不能说话。

1月19日夜12时，写下"我将与蓝天碧水永处，留下那半部《红楼》给别人写了……半生尽遭白眼冷遇，……身先死，不甘，不甘。"

1月22日晨，玛丽医院被日军接管，病人一律赶出。萧红被转至一家法国医院。其后，法国医院亦被军管。随即又被送至法国医生在圣士提反女校设立的临时救护站。6时许陷于深度昏迷。

1月22日上午10时，在法国医院设在圣士提反女校的临时救护站逝世。

1月24日，遗体在香港跑马地背后的日本火葬场火化。

1月25日黄昏，部分骨灰安葬在浅水湾丽都酒店前花坛里（1957年8月15日，迁葬广州银河公墓）。

1月26日，剩余骨灰安葬在圣士提反女校后院土山坡下。